유아컴퓨터 놀이교육

유아 컴퓨터 놀이교육

정한철 · 윤미승 공저

동 문 사

[머리말]

본 저서는 유아컴퓨터 놀이교육에 관해 제1부, 제2부와 제3부로 구분하여 정리하였다. 제1부에서는 유아컴퓨터 놀이교육에 대한 이론적 측면에서 개정누리과정을 통한 유아컴퓨터 놀이교육에 대해 설명하였다. 제2부에서는 실제적인 유아컴퓨터 놀이교육의 활용방법에 대해 설명하였다. 제3부에서는 4차 산업혁명 시대의 유아컴퓨터 놀이교육을 위한 미래 유아컴퓨터 놀이교육의 확장과 대면 및 비대면 유아컴퓨터 놀이교육에 대해 소개하였다.

본 저서는 2020년 3월 개정누리과정이 실시되면서 유아중심, 놀이중심으로의 유아컴퓨터 놀이교육을 다양하게 제공하기 위하여 집필하였다. 특히, 멀티미디어를 통한 그림동화 애니메이션 제작을 위해 많은 부분을 설명하였다. 즉, 직접적으로 유아들이 컴퓨터를 통한 놀이 활동을 실시할 수 있도록 구성하고자 노력하였다. 또한, 4차 산업혁명 시대를 주창하며 미래융합 인재 육성을 강조하는 우리의 교육현실에서 본 교재가 유아중심, 놀이중심 유아컴퓨터교육과 멀티미디어교육을 위한 도움의 교재가 되었으면 좋겠다.

COVID-19로 우리 교육현장에서 컴퓨터의 활용은 매우 중요한 교수매체로 활용되고 있으며, 다양한 온라인 방식과 대면 및 비대면 교수매체 활용능력이 중요한 교수역량으로 대두되고 있다. 이러한 측면에서 대면 및 비대면 교수매체 활용역량에 대해서도 그 중요성을 강조하고자 하였다.

부족한 부분들이 많이 있을 것으로 생각된다. 앞으로 계속적인 추가 과정을 통하여 보다 정확하고 효과적인 교재 수정 과정을 진행하고자 한다. 이 책이 나오기까지 큰 도움으로 격려해 주신 동문사 출판관계자 여러분들께 진심으로 감사를 드린다.

2021년 1월

저자 정한철 · 윤미승

[목 차]

PART I

이론편

01 CHAPTER 유아컴퓨터 놀이교육의 이해

1 개정 누리과정의 이해

1969년 최초로 유치원 교육과정이 국가수준 교육과정으로 제정, 공포되고, 어린이집은 2007년 표준보육과정이 최초로 고시, 시행되었다. 이러한 유치원 교육과정과 어린이집 표준보육과정은 2019년 개정누리과정으로 고시되면서 만 3세~만 5세 유아들을 위한 공통의 국가수준 교육과정으로 2020년 3월부터 어린이집, 유치원에서 적용되고 있다.

따라서 유아컴퓨터 놀이교육의 올바른 이해와 적용을 위해서는 유아중심, 놀이중심으로 개편된 개정 누리과정에 대한 올바른 이해가 반드시 선행되어야 한다. 다음에 제시된 개정 누리과정 해설서(교육부, 보건복지부, 2019)를 자세히 살펴보고 이해하는 것은 유아컴퓨터 놀이교육에서 매우 중요하다.

개정 누리과정 해설서

Ⅰ. 누리과정의 제정과 개정

유치원 교육과정은 1969년 최초로 국가 수준 교육과정으로 제정 · 공포된 이후 여러 차례의 개정을 거쳐 「2007 개정 유치원 교육과정」으로 이어졌다. 한편 표준보육과정은 2007년 최초로 고시 · 시행되었다. 이후 유치원에서는 유치원 교육과정을, 어린이집에서는 표준보육과정을 운영하였으나, 이원화된 운영체제를 정비해야 할 필요성이 제기되었다.

■ 공통과정으로서 「5세 누리과정」 제정

2011년 5월, 유아교육 · 보육에 대한 국가의 책임을 강화하기 위해 만 5세의 유아교육과 보육 내용을 통합하여 일원화한 공통과정이 고시되었다. 이후 유치원과 어린이집에 다니는 만 5세 유아의 학비 · 보육료 지원을 전 계층으로 확대하고, 지원 단가를 연차적으로 현실화하기 위한 정책을 마련하여 관련 법령을 정비하였다. 교육과학기술부와 보건복지부는 2011년 9월 「5세 누리과정」을 '공통과정'으로 제정하여 고시하고 2012년 3월부터 유치원과 어린이집에 다니는 5세 모든 유아에게 공통으로 시행하였다.

■ 공통과정으로서 「3~5세 연령별 누리과정」 제정

유아교육 · 보육에 대한 국가 책임이 강화됨에 따라 국가는 누리과정 적용 대상을 만 5세에서 만 3세~만 4세 유아까지 확대하였다. 2012년 7월, 유치원과 어린이집에 다니는 만 3세~만 5세 유아를 위한 교육 · 보육을 통합한 '공통과정'인 「3-5세 연령별 누리과정」이 고시되어, 2013년 3월부터 시행되었다. 이후 2015년 3월, 「3-5세 연령별 누리과정」은 누리과정 운영 시간을 3-5시간에서 4-5시간으로 조정하여 개정 · 고시되었다.

■ 교육과정으로서 「2019 개정 누리과정」 개정

교육부는 국정과제 구현과 출발선 평등 실현을 위해 2017년 12월 '유아교육 혁신방안'을 발표하였다. '유아교육 혁신방안'의 주요 내용으로 '유아가 중심이 되는 놀이 위주의 교육과정 개편'이 명시되었다. 이에 유아 · 놀이 중심 교육과정 개편 방향을 반영하여 2019년 7월, 「2019 개정 누리과정」이 고시되었다. 「2019 개정 누리과정」은 유치원과 어린이집에 다니는 만 3~5세 유아에게 공통으로 적용되는 국가수준의 교육과정으로 2020년 3월부터 시행되고 있다.

II 국가수준 교육과정으로서 누리과정 이해

「2019 개정 누리과정」은 '국가 수준의 공통 교육과정'이다. 교육과정으로서 누리과정을 이해하기 위해서는 교육과정으로서 보편적 의미와 국가수준 교육과정으로서 의미가 무엇인지를 알아보는 과정이 필요하다.

■ 교육과정으로서 누리과정

「2019 개정 누리과정」의 성격에서는 누리과정을 '국가 수준의 공통 교육과정'으로 명시하고 있다. 교육과정으로서 누리과정을 이해하기 위해서는 교육과정이 무엇인지 알아야 한다. 「2007 개정 유치원 교육과정」에서는 교육과정을 '학습자에게 제공할 학습경험을 미리 선정하고 조직하여 교육경험의 질을 구체적으로 관리하는 교육의 기본 설계도'로 정의하고 있다. 또 「2015 초 · 중등학교 교육과정」에서는 교육과정을 '학교의 교육 목적 및 목표를 달성하기 위해 교육 내용 또는 학습 경험을 선정하고 조직하고 실천하고 평가하는 제 행위'로 정의하고 있다. 이와 함께 교육과정을 '학생이 경험하는 총체 또는 학교가 제공하는 경험의 총체'라는 광의의 의미로도 정의하고 있다. 개정 누리과정에서는 교육과정에 대한 이러한 다양한 해석을 바탕으로, 교육과정이 '교육 목표를 달성하기 위해 교육 내용을 선정 · 조직하는 방식'임을 고려하면서, '유아가 경험하는 총체'임에 중점을 두고 교사와 유아가 함께 만들어 가는 교육과정의 중요성을 강조하였다.

■ 국가 수준의 교육과정으로서 누리과정

국가 수준의 교육과정은 국가가 주체가 되어 제정 · 개정하고 고시하는 교육과정을 의미한다. 국가가 고시하는 교육과정은 학교에서 교육과정을 편성 · 운영할 때 필요한 공통적이고 일반적인 기준을 제시한 것이다. 이와 동시에 지역 및 기관 수준 그리고 학급(반) 및 개인 수준의 다양성도 존중한다. 이는 국가 수준 교육과정이 국가에서 일방적으로 만들어서 '주어지는 교육과정'이 아니라 교육을 직접 실천하는 각 학교 수준에서 편성 · 운영하는 '만들어 가는 교육과정'이라는 것을 보여 준다.
「2019 개정 누리과정」은 국가가 고시한 교육과정으로 3~5세 유아가 다니는 유치원과 어린이집에서 누리과정을 편성 · 운영할 때 필요한 공통적이고 일반적인 기준을 제시하고 있다. 이와 동시에 지역 및 기관, 개인 수준의 다양성도 강조하였다. 국가 수준 교육과정으로서 개정 누리과정은 유아가 중심이 되고 놀이가 살아나는 교육과정을 추구한다. 유치원과 어린이집은 국가 수준에서 제시하는 공통성을 바탕으로 유아 · 놀이 중심 교육과정을 다양하게 실천해 갈 수 있다. 누리과정의 실행 주체인 교사는 국가가 제시하는 유아 · 놀이 중심 교육과정을 기초로 하되 자율적으로 유아와 함께 만들어 나가는 교육과정을 실천할 수 있다.

■ 유아의 놀이를 지원하기 위한 교사의 자율성

교사는 유아와 가장 가까이 있는 사람으로, 그 누구보다 유아의 놀이를 잘 아는 전문가이다. 교사는 유아의 놀이에 대한 의미를 이해하고 지원하며 유아와 함께 성장하고 배워 나간다. 교사는 활동을 계획하고 준비하는 데 많은 시간을 보내기보다는 유아의 놀이를 이해하고 지원하는 데 더 많은 시간을 보낼 필요가 있다. 유아의 놀이는 예측하여 계획하기 어렵기 때문에 교사는 유아의 놀이 흐름에 따라 가장 적합한 교육적 지원이 무엇인지를 상황에 따라 판단하고 실천해야 한다. 개정 누리과정에서는 국가 수준의 공통 기준을 최소화하여 교사의 자율성과 다양성을 존중하였다. 개정 누리과정은 교사가 자율성을 기반으로 유아가 놀이하며 배운다는 가치를 믿고 유아가 중심이 되고 놀이가 살아나는 교육과정을 유아와 함께 실천해 갈 수 있도록 하였다.

2 제4차 산업혁명 지식정보화 사회에서의 유아컴퓨터 놀이교육

교육부는 2018년 3월 유아교육발전 기본계획(2018~2022)을 발표하며 그 추진배경으로 유아의 개별성을 고려하지 않은 획일적인 교육은 4차 산업혁명 시대의 창의적 인재양성에 한계가 있음을 지적하며, 4차 산업혁명 시대에 적합한 역량 있는 인재육성으로의 새로운 교육 패러다임의 변화를 요구하고 있다(교육부, 2018). 스위스 다보스에서 2016년 열린 WEF(세계경제포럼)에서 Schwab 회장은 4차 산업혁명 시대의 미래교육은 문제해결능력, 창의성, 의사소통, 협력 역량과 인성 자질을 강화하는 인재육성을 미래 교육과제로 제시하였다(Schwab, 2015). 즉, 미래 지식 정보화 사회에 적합한 창의적 문제해결능력과 더불어 살아가는 공감 능력을 존중하는 인성능력을 육성하는 교육 패러다임, 즉 창의·인성 교육 중심의 교육 패러다임을 강조하고 있다. 이러한 창의·인성 교육 강화에 대한 교육 패러다임에 대한 변화요구는 우리나라에서도 미래 지식 정보화 교육에 대한 사회적·국민적·국가적 공감대가 형성되면서 국가교육의 본질이자 핵심적인 목표로 확산되고 있으며 4차 산업혁명 시대에서 새로운 사회·문화적 가치를 창출하고 나아가 함께 공감하며 더불어 살아가는 능력을 함양한 인재양성이라는 측면에서 오늘날 매우 주목받고 있다(서현정, 조부경, 김경철, 최현주, 최연철, 2018). 따라서, 유아컴퓨터 놀이교육은 더 이상 단순한 학습능력으로서의 컴퓨터교육적 측면보다는 미래인재육성을 위한 필수교육과정으로 접근되어야 할 것이다.

02 CHAPTER 놀이중심 유아컴퓨터교육으로의 접근

2019년 개정 누리과정의 핵심은 유아중심, 놀이중심, 경험중심이다. 따라서 기존의 유아컴퓨터교육에 유아중심, 놀이중심, 경험중심 교육과정이 융합되는 미래교육으로의 패러다임 전환이 요구되고 있다.

그동안 유아컴퓨터교육에서는 기존의 지식 전달 위주의 교육방법과 교실 중심의 제한된 교육환경에서 벗어나, 학습자 스스로가 정보통신기술을 이용하여 학습의 목표 및 적절한 학습전략을 선정하고, 학습의 결과를 평가하는 등 자기주도적인 학습능력과 창의력 및 문제해결력을 신장시킬 수 있는 교육과정으로의 변화를 요구하였다. 이를 바탕으로 2019년 개정 누리과정에서는 놀이를 통한 안전한 컴퓨터놀이, 경험으로의 컴퓨터 놀이교육을 강조하고 있다.

개정 누리과정은 「3-5세 연령별 누리과정」의 과다한 세부 내용을 교육과정 대강화 경향에 따라 간략화하였다. 교육과정 대강화의 목적은 교과 지식을 적정화하여 학습자의 학습 부담을 줄이고, 학습경험의 질을 개선하는 것이며, 「2015 개정 초·중등학교 교육과정」은 역량 중심으로 개정되면서 교육 내용을 줄여 교육과정을 대강화하는 것이다. 이를 반영하여 개정 누리과정도 「3-5세 연령별 누리과정」에서 제시하였던 369개의 세부 내용을 총 59개의 내용으로 간략화하였다. 따라서 놀이중심 유아컴퓨터교육으로의 접근 방향 또한 새로운 변화가 요구된다. 이를 위해 개정 누리과정을 중심으로 영역별로 구체적으로 살펴보면 다음과 같다.

1 유아중심, 놀이중심 교육과정으로의 유아컴퓨터 놀이교육 재정립

최근 교육과정은 교수자가 학습자의 배움을 예상하여 사전에 조직하는 교사 중심에서 학습자가 주체가 되는 배움 중심으로 변화하고 있다. 「3-5세 연령별 누리과정」도 유아의 놀이를 강조하였지만, 일부 현장의 경직되고 획일화된 누리과정 운영에 대한 문제가 제기되었다. 이에 개정 누리과정은 유아의 흥미와 관심을 반영하지 못한 교사의 계획 중심 운영을 개선하기 위해 유아 · 놀이 중심 교육과정을 재정립하였다. 따라서 유아중심, 놀이중심 교육과정으로의 유아컴퓨터교육에 대한 재정립이 필요하다.

1) 교사중심 교육과정에서 유아중심, 놀이중심 유아컴퓨터 교육과정으로의 변화

개정 누리과정은 '유아와 놀이'를 최우선으로 존중하는 교육과정임을 강조하였다. 이는 교사가 미리 계획한 활동을 중심으로 진행되는 '교사 중심' 교육과정에서 유아 주도적인 놀이가 중심이 되는 '유아 · 놀이 중심' 교육과정으로 변화하는 것을 의미한다. 예를 들어, 개정 누리과정에서는 교사가 계획하여 제안하는 자유선택활동을 유아가 주도하는 놀이로 대체하여 운영하도록 제안하였다. 따라서 교사가 미리 정한 컴퓨터학습 순서에 따라 유아의 동기나 흥미와는 상관없이 학습이 진행되는 과정이 아니라 유아중심 컴퓨터 놀이계획과 컴퓨터 놀이과정이 유아컴퓨터교육의 기본 교육과정이 되어야 한다.

2) 충분한 유아컴퓨터 놀이시간 확보 권장

개정 누리과정에서는 바깥 놀이를 포함하여 유아가 자유롭게 놀이할 수 있는 시간을 충분히 편성 · 운영할 것을 제안하였다. 충분한 놀이시간은 유아가 몰입하여 놀이를 즐길 수 있도록 여유 있게 시간을 확보하여 일과를 운영하는 것을 의미한다. 유치원과 어린이집은 유아의 안전을 고려하되 유아의 놀이가 최대한 활성화되도록 실내외 놀이환경을 포함하여 누리과정 운영 방식을 개선해 가는 것이 필요하다. 따라서 유아들이 충분히 컴퓨터 놀이에 몰입할 수 있는 컴퓨터 놀이시간이 필요하다. 단편적 학습기능 암기보다는 충분한 시간 확보로 유아 중심의 놀이시간이 충분히 제공되는 것이 중요하다.

3) 유아컴퓨터 놀이와 배움의 의미에 대한 재이해

유아 · 놀이 중심 교육과정은 유아의 놀이가 가지는 배움의 의미를 새롭게 이해하는 데서 출발한다. 그동안 유아교육에서는 유아의 놀이를 교육의 기본 정신으로 강조하였다. 그러나 한편으로는 유아가 스스로 놀이하며 배우고 있는지에 대한 걱정과 불안이 있었다. 또한 교사가 놀이보다는 활동을 통해 지식을 가르치는 것에 집중한다는 반성이 이루어지기도 하였다. 개정 누리과정에서는 이러한 점을 고려하여 교사가 놀이의 의미와 가치를 재이해하는 것이 필요함을 강조하였다. 교사가 가르치지 않아도 유아가 놀이하며 스스로 배울 수 있음을 이해하는 것은 놀이 중심 교육과정을 실천하는데 중요한 출발점이 된다. 따라서 유아컴퓨터교육은 단순히 컴퓨터 기능을 많이 학습하여 기능적 기술능력이 높다고 하여 유아컴퓨터교육의 의미를 충족했다고 평가하기보다는 놀이와 배움의 의미를 재해석함을 강조하고 있다. 따라서 유아컴퓨터 놀이에서는 유아들이 스스로 놀이과정을 통해서도 충분히 학습할 수 있다는 의미를 교사들이 확신하는 것이 중요하다.

2 5개 영역의 내용 간략화를 통한 유아컴퓨터 놀이교육의 내용

개정 누리과정은 「3-5세 연령별 누리과정」의 과다한 세부 내용을 교육과정 대강화 경향에 따라 간략화하자는 요구에 부합하고자 하였다. 교육과정 대강화의 목적은 교과 지식을 적정화하여 학습자의 학습 부담을 줄이고, 학습경험의 질을 개선하는 것이다. 「2015 개정 초 · 중등학교 교육과정」은 역량중심으로 개정되면서 교육 내용을 줄여 교육과정을 대강화하였다. 이를 반영하여 개정 누리과정도 「3-5세 연령별 누리과정」에서 제시하였던 369개의 세부 내용을 총 59개의 내용으로 간략화하였다. 따라서 놀이중심 유아컴퓨터교육에서는 너무 많은 컴퓨터 학습량의 확대보다는 유아들의 놀이 확장에 의미를 두는 것이 중요하다. 과도한 세부계획보다는 유아들의 통합적인 놀이과정이 매우 중요하다.

1) 유아컴퓨터 놀이교육을 위해 경험해야 할 내용을 연령 구분 없이 제시

개정 누리과정은 5개 영역에 제시된 59개의 내용을 연령별로 구분하지 않고 제시하였다. 이는 유아가 경험해야 할 내용을 연령에 따라 인위적으로 제한하기 어렵고, 연령별 구분이 개별 유아의 배움의 특성을 제한할 수 있다는 우려를 반영한 것이다. 교사는 59개 내용을 유아가 자신에게 가장 적합한 방식으로 놀이하며 배우는 경험으로 이해함으로써, 유아 중심 교육과정을 실천할 수 있다. 연령 구분 없이 유아가 경험해야 할 내용으로 구성된 교육내용은 유아가 놀이하는 실제 내용을 중심으로 누리과정을 운영해 갈 수 있는 토대가 된다는 점에서 의의가 있다. 따라서 놀이중심 유아컴퓨터 놀이교육에서는 연령별 세부계획보다는 통합적 경험활동이 중요하다.

2) 간략화된 내용으로 교사의 유아컴퓨터 놀이교육 실천 지원

개정 누리과정에서 교육내용의 간략화는 교사가 누리과정의 5개 영역을 유아의 놀이를 중심으로 실천할 수 있도록 돕는다. 교사는 과다한 내용을 모두 가르쳐야 한다는 생각에서 벗어나서 간략화된 내용을 유아의 놀이를 통한 배움과 연결하여 이해함으로써 유아 · 놀이 중심 교육과정을 용이하게 실천할 수 있다. 따라서 놀이중심 유아컴퓨터교육에서는 과도한 교사주도의 영역별 제시보다는 간략화된 통합형 놀이과정이 중요하다.

3 교사의 자율성 강조를 통한 유아컴퓨터 놀이교육

1) 교육과정 대강화 경향을 반영하여 교사의 자율성을 강조하는 유아컴퓨터 놀이교육

교육과정 대강화는 국가 수준 교육과정의 기준을 상세하게 제시하는 대신 최소한의 기준을 제시하는 것을 의미한다. 이는 교사의 자율성과 다양성을 최대한 존중하기 위한 것이다. 이처럼 개정 누리과정에서 교사의 자율성을 강조하는 이유는 학습자 중심의 배움을 실현하는 데 교사의 교육적 판단이 중요한 역할을 하기 때문이다. 유아의 놀이는 예측하기 어렵고, 상황에 따라 다양하게 일어나므로, 교사가 유아의 놀이를 통한 배움을 최대한 지원하기 위해서는 자율성을 기반으로 상황에 적합한 판단을 해야 한다. 개정 누리과정에서는 그동안 놀이 중심 교육과정의 실행을 어렵게 했던 고시문의 세부 지침 등을 간략화함으로써 교사가 좀 더 자율성을 가지고 유아·놀이 중심 교육과정을 실천할 수 있도록 돕고자 하였다. 따라서 놀이중심, 유아중심 유아컴퓨터 놀이교육이 적용되기 위해서는 교사의 자율성이 매우 중요하다. 그 기관의 환경여건과 지역사회의 여건, 유아들의 발달특성과 흥미를 고려하여 교사의 자율적 놀이교육이 구체화되는 유아컴퓨터 놀이교육이 중요하다.

2) 계획안 형식과 방법의 자율화를 통한 유아컴퓨터 놀이교육

개정 누리과정에서 유아·놀이 중심 교육과정의 실천을 위하여 계획안을 각 기관의 실정에 따라 자율적으로 작성할 수 있도록 하였다. 교사는 그동안 당위적이고 형식적으로 작성했던 연간, 월간, 주간, 일일 계획안의 형식과 내용을 개선하여 다양한 방식으로 계획안을 작성할 수 있다. 개정 누리과정에서는 유아가 주도하는 놀이를 적극적으로 지원하기 위하여 교사가 계획안을 사전에 작성하는 방식을 최소화하는 것이 중요함을 강조하였다. 교사는 사전 계획을 최소화함으로써 유아가 실제 놀이하는 내용과 교사의 지원 계획을 자율적으로 기록하는 방식으로 계획안을 개선해 갈 수 있다. 따라서 교사가 미리 예상하고 계획하는 유아컴퓨터 놀이교육 방식에서 탈피하여 유아들의 무한한 놀이 가능성을 통한 자율화를 강조한다.

3) 흥미 영역의 운영 방식 자율화를 통한 유아컴퓨터교육

개정 누리과정은 유아가 주도하는 놀이가 활성화될 수 있도록 흥미 영역의 운영 방식을 자율화하였다. 기존에 유아의 놀이를 제한했던 고정된 흥미 영역의 개수, 유형, 운영 방식 등을 자율적으로 개선하여 유아의 자유로운 놀이가 가능하도록 제안하였다. 이를 통해 유아의 놀이가 미리 계획한 생활주제에 맞지 않더라도 교사가 유아의 관심과 생각을 우선적으로 존중하고 지원할 수 있도록 하였다. 따라서 유아컴퓨터 놀이교육에서는 기존의 일률적 교육방식에서 벗어나 유아의 흥미 영역을 보다 자율적으로 유아 중심적으로 변화하여 운영하는 것이 요구된다.

4) 5개 영역 통합 방식의 다양화를 통한 유아컴퓨터교육

개정 누리과정에서는 생활주제 외에도 교사가 자율성을 가지고 다양한 통합 방식을 운영할 수 있도록 하였다. 유아는 놀이하면서 자연스럽게 5개 영역을 통합하여 경험하므로, 교사는 유아의 놀이를 존중함으로써 5개 영역의 통합을 실천할 수 있다. 또한 미리 정해진 생활주제가 아니더라도, 유아의 놀이에서 나타나는 주제, 그림책, 사물 등을 활용하여 유아의 관심과 흥미를 중심으로 누리과정을 통합적으로 실천할 수 있다. 따라서 유아컴퓨터 놀이교육의 통합 방식의 다양화가 중요하다. 정해진 주제에 너무 집중하기보다는 유아의 자율적 흥미과정이 보다 유의미한 유아컴퓨터 놀이교육으로의 접근이 되어야 한다.

5) 평가의 자율화를 통한 유아컴퓨터교육

개정 누리과정에서는 기관과 학급(반) 수준에서 평가의 자율적 시행을 강조하였다. 교사가 놀이하며 배우는 유아의 실제 경험을 평가와 연계하여 이해하도록 평가의 자율성을 보장하였다. 또한 자율성이 강조되는 평가에서 고려해야 할 핵심 사항을 평가의 목적, 대상, 방법, 결과 활용으로 나누어 간략히 제시하였다. 무엇보다 누리과정을 운영하는 일상 속에서 유아가 실제 놀이하는 내용과 교사의 지원 내용을 기록한 계획안 등을 유아 평가 및 누리과정 운영 평가와 연계하여 활용할 수 있도록 하였다. 따라서 유아컴퓨터 놀이교육에서 기존의 일률적인 평가방식보다는 놀이과정과 배움의 중요성이 더욱 강조되어 이러한 측면들이 강조된 평가의 자율화가 중요하다.

PART II

실제편

03 CHAPTER 사진, 이미지 편집 놀이교육

1 캡처

유아컴퓨터 놀이교육을 위한 다양한 이미지와 사진을 제작하기 위해서는 많은 이미지와 사진이 필요하다. 그러나 직접 이미지나 사진을 제작하기보다는 기존의 이미지와 사진을 필요한 부분만큼 가져오는 기술은 더욱 유용하게 사용된다. 캡처란 이미지 자료를 편집하거나 저장하기 위해 본래의 정보 중에서 필요한 부분만을 따로 떼어 내는 방법이다. 컴퓨터 화면의 전체 혹은 일부분을 잘라 내거나 텍스트 문자열이나 그래픽 파일로 변환하는 등 편집이나 저장을 위해 화면에 나타난 전체 혹은 일부 정보를 선택하는 것을 말한다.

캡처의 방법에는 여러 가지 방법이 있다.

1) Prt Sc (프린트 스크린)	2) 캡처 도구
3) 곰캠	4) 알캡처

1) Prt Sc(Print Screen 프린트 스크린) : 화면 캡처

- 별도의 프로그램 실행 없이 가장 간단하게 사용되는 방법이다.
- 화면 전체가 복사되어 붙여 넣는 방식이다.
- 캡처 전용 프로그램의 추가 설치 없이 이용이 가능하다.
- [Prt Sc] 버튼의 위치와 모양은 키보드의 종류에 따라 다양하다.

(1) 프린트 스크린 캡처하기

① 캡처하고자 하는 이미지/사진을 컴퓨터 모니터에 불러온다.

② 캡처 버튼 이용방법

- [Prt Sc] 버튼만 누르는 경우 : 화면 전체가 캡처된다.
- [Alt + Prt Sc] 동시에 누르는 경우 :
  여러 작업을 동시에 진행 중 1개의 작업 화면만 캡처할 경우 사용한다.
  캡처하면 여러 화면 중 활성화된 화면 1개만 캡처된다.
- 노트북의 경우 [Fn + PrtSc] 동시에 사용하면 된다.

③ 붙여넣기

- 캡처된 이미지를 사용하고자 하는 프로그램에 [붙여넣기] 한다.
- [붙여넣기] 한 후 다양한 방법으로 편집하여 사용할 수 있다.
- [붙여넣기] 방법
  - 붙여넣기를 원하는 화면에서 [Ctrl + V] 단축키를 클릭한다.
  - 그림판(한글, 엑셀 등) : 상단메뉴 – 편집 – 붙여넣기를 클릭한다.
  - 마우스 오른쪽 클릭 – [붙이기] 클릭한다.

2) 캡처 도구

- [캡처 도구]는 윈도우(Window) 기본 기능으로 제품에 설치되어 있다.
- 추가로 프로그램을 설치하지 않아도 사용이 가능하다.
- [Prt Sc] 프린트 스크린 기능이 화면 전체 캡처 방식이라면 [캡처 도구]는 여러 가지 모드를 설정하여 캡처될 화면을 지정하여 캡처할 수 있다.
- 다양한 옵션 기능이 있어 매우 유용하게 사용되는 도구이다.

(1) 캡처도구 프로그램 실행방법

[캡처도구]를 실행하는 방법에는 여러 가지 방법이 있다.

① 첫째, 모니터 하단 왼쪽에 있는 [검색 돋보기] 아이콘에서 캡처 도구를 입력하여 검색한 후 실행한다.

- 캡처도구가 검색되면 캡처도구 아이콘 에서 마우스 오른쪽을 클릭한 후 [작업 표시줄에 고정]을 클릭하면 모니터 하단의 작업 표시줄에 나타난다.

  이후부터는 작업표시줄의 캡처도구 아이콘을 클릭하여 사용한다.

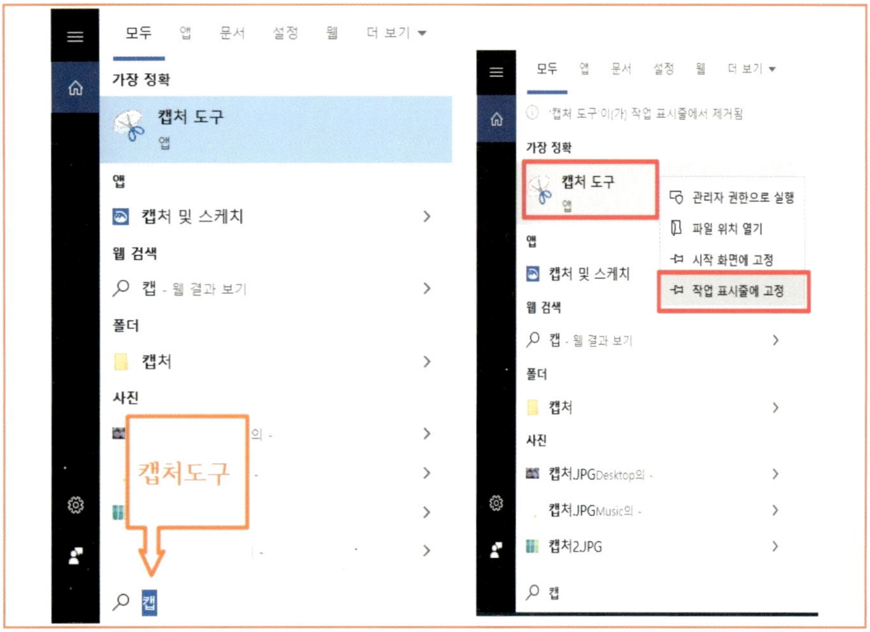

② 둘째, [시작]-[모든 프로그램]-[윈도우 보조프로그램]-[캡처도구]를 클릭한다.

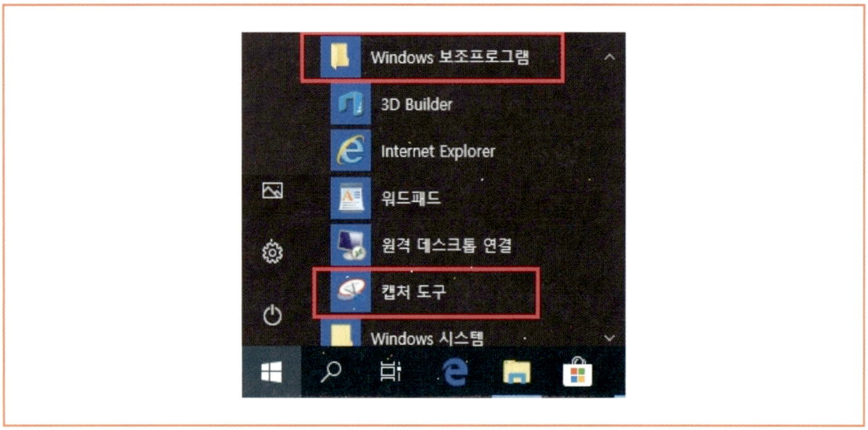

■ [캡처도구]에서 마우스 오른쪽을 클릭한 후 [자세히]-[작업 표시줄에 고정]을 클릭하여 작업표시줄에 고정하여 사용하면 편리하다.

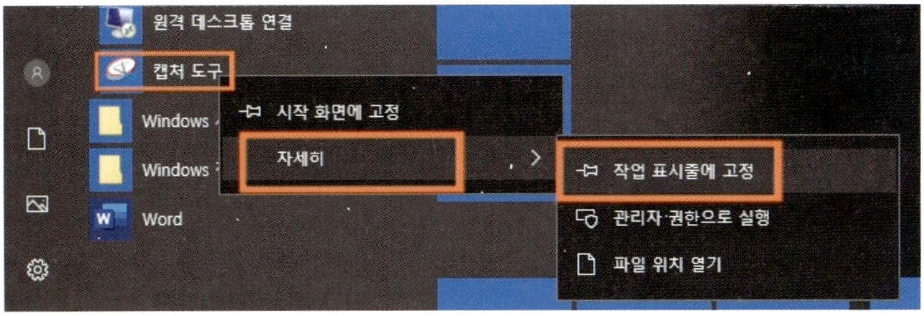

(2) 캡처도구 캡처방법

① 캡처하려는 이미지를 화면에 불러온다.

② 작업표시줄에 고정해 둔 캡처도구 아이콘 을 선택한다.

③ 캡처도구 프로그램이 실행된다.

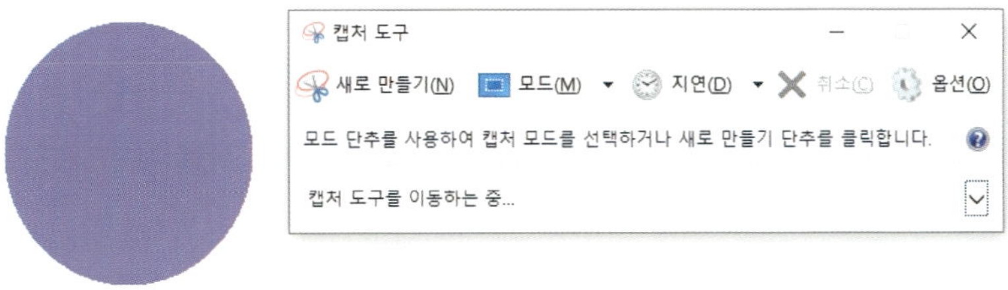

④ 캡처도구를 사용해 캡처하는 방법에는 4가지 방법이 있다.
[캡처도구]-[모드] : 자유형 캡처, 사각형 캡처, 창 캡처, 전체 화면 캡처가 있다.

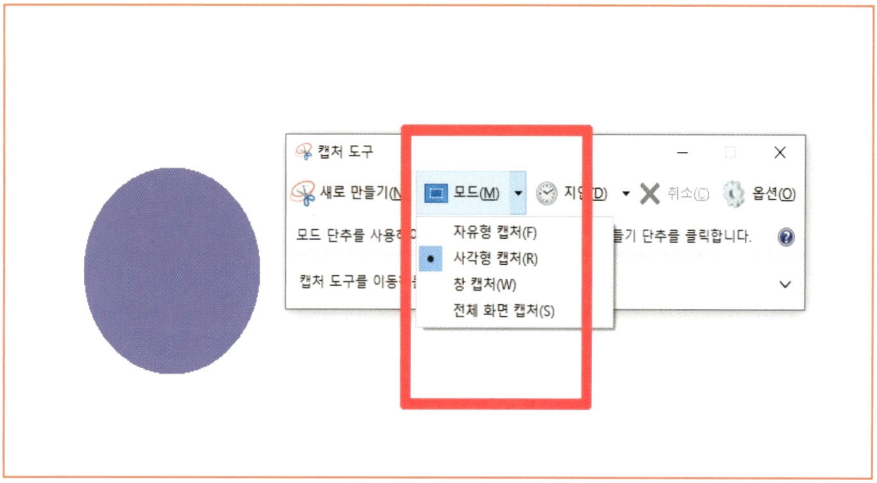

⑤ 사각형 캡처
캡처하려는 사진/이미지를 불러온다.
[캡처도구]-[모드] - [사각형 캡처]-[새로 만들기]를 선택한다.

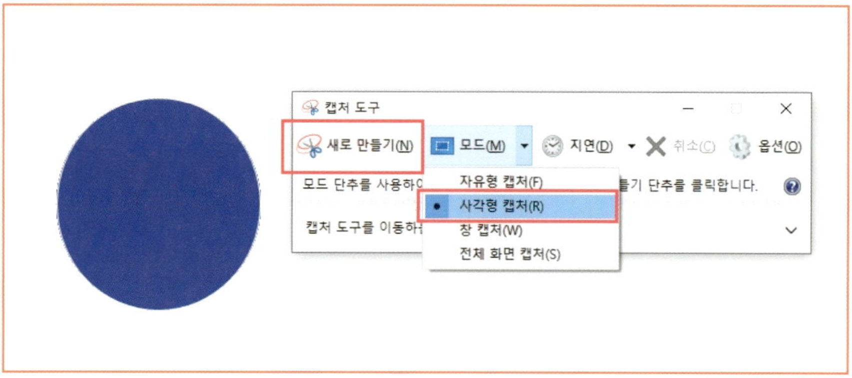

⑥ [새로 만들기]를 선택하면 잠시 동안 하얀 반투명으로 전체화면이 변경된다. 마우스를 움직이면 ┼모양의 아이콘으로 변경된다.

⑦ 마우스 아이콘을 캡처하고자 하는 이미지에서 드래그한다.

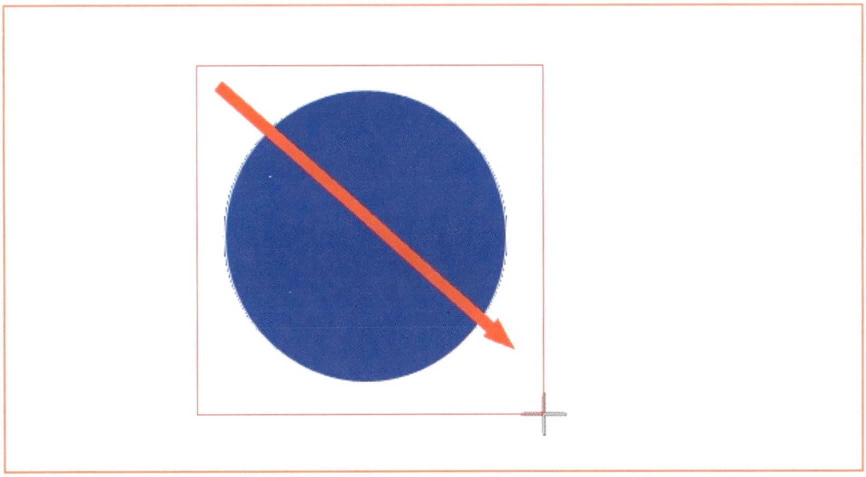

⑧ 드래그한 후 마우스를 놓으면 캡처한 이미지가 캡처도구 편집화면으로 뜬다.

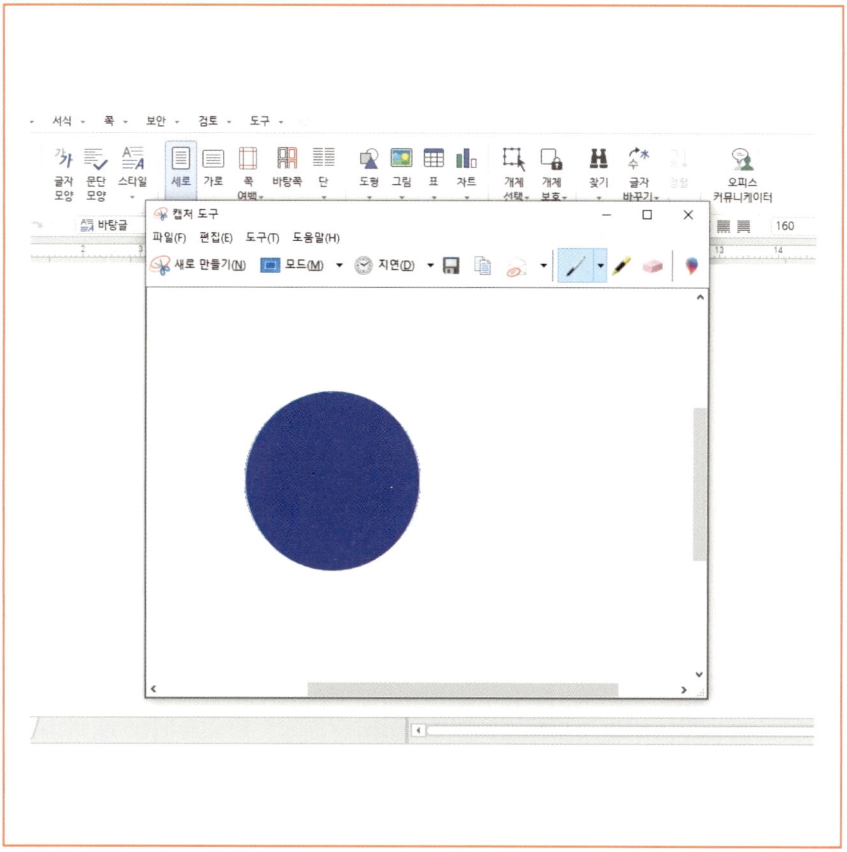

■ 캡처한 이미지에 강조표시나 펜을 사용하려면 [메뉴]-[펜] 아이콘을 선택하여 빨간 펜, 파란 펜, 검은 펜을 사용할 수 있다. [사용자 지정펜]을 사용하면 굵기와 사용자 색상을 선택하여 펜을 사용한 후 저장할 수 있다.

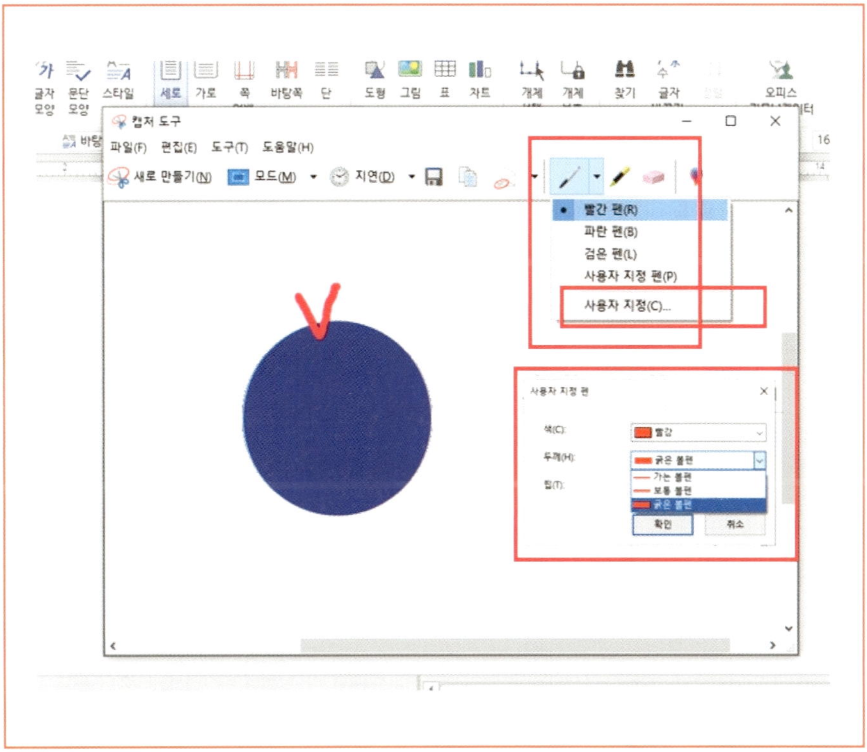

■ 캡처한 이미지에 형광펜을 사용하려면 [형광펜 아이콘]을 선택한 후 마우스를 드래그하면 형광펜을 사용할 수 있다.

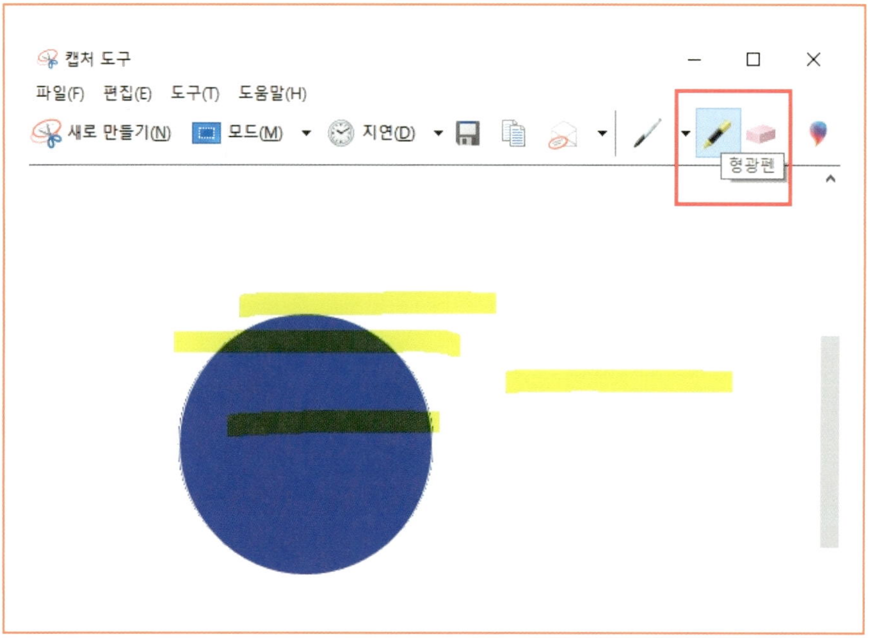

■ 펜으로 그린 그림은 [지우개]를 사용하여 지울 수 있다.
지우개 아이콘을 선택하고 마우스로 지우면 된다.

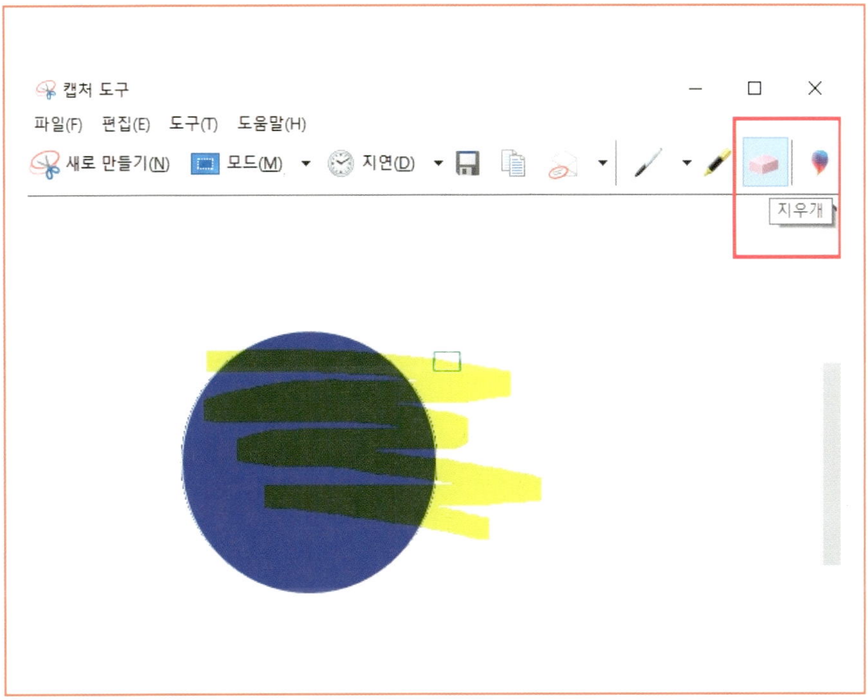

⑨ [메뉴]-[파일]-[다른 이름으로 저장]을 선택하거나, [저장] 아이콘을 선택하여 저장하고자 하는 곳에 파일을 저장한다.

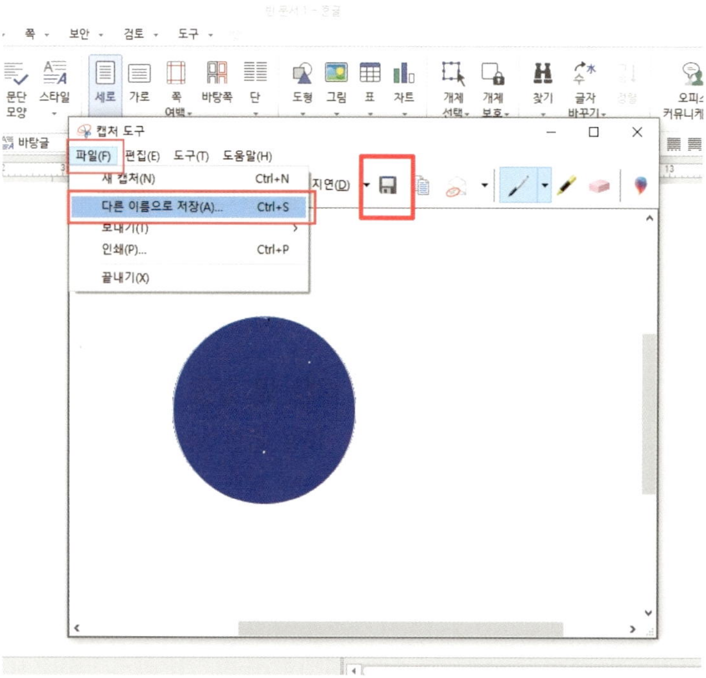

■ 저장할 때 파일형식은 캡처.jpg, 그 밖에 png, gif 등을 선택할 수 있다.

파일이름과 파일형식을 지정하고 폴더를 선택하여 저장하면 된다.

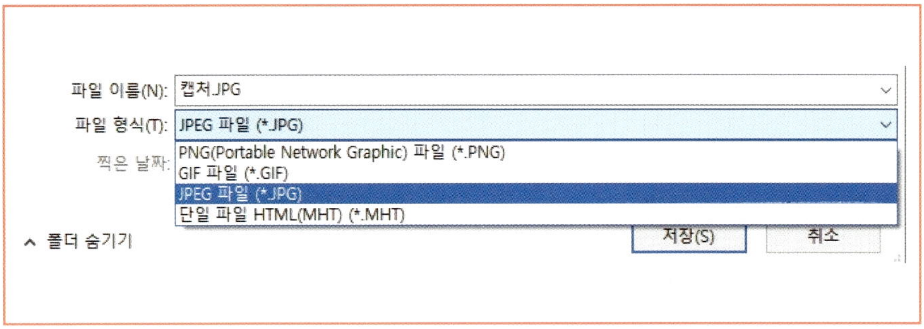

(3) 지연 캡처 방법

[메뉴]-[지연]에서는 시간 조정으로 캡처 시간을 조정할 수 있다.

움직이는 장면을 캡처할 때 지연시간으로 순간 장면을 캡처할 수 있다.

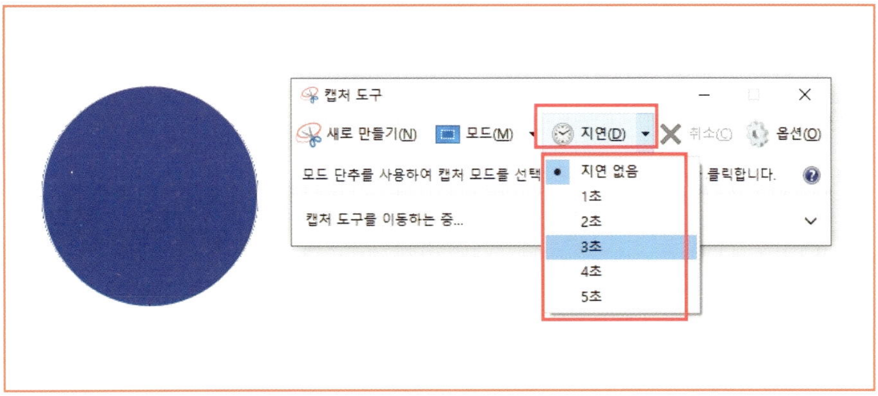

3) 곰캠

(1) 곰캠 프로그램 설치방법

https://www.gomlab.com 곰랩 홈페이지 다운로드에서 곰캠 설치창을 클릭한다. 무료로 설치할 수 있다.

(2) 곰캠 프로그램 실행하기

프로그램이 설치 완료되면, 바탕화면에 설치된 [곰캠] 아이콘을 클릭한다.

(3) 곰캠 방법

곰캠을 클릭하면 곰캠 실행창이 나타나며, 오른쪽 윗부분 [창모드전환] 아이콘 위에 마우스를 올리면 미니모드, 숨김모드 창이 나타난다. [미니모드]를 클릭한다.

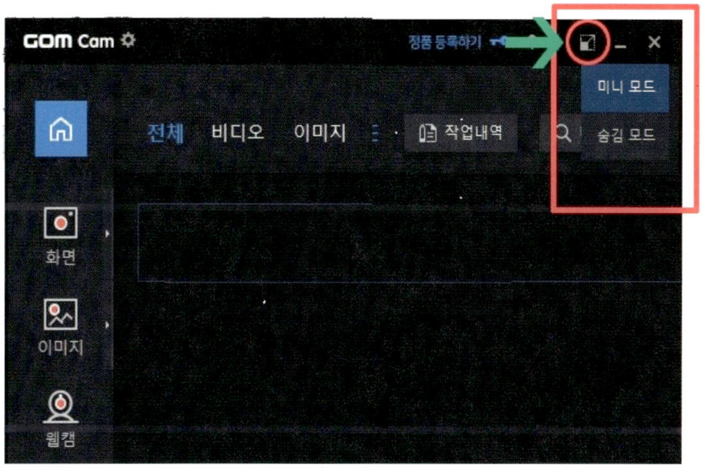

■ [미니모드]를 클릭하면 캡처하고자 하는 이미지 옆에 곰캠 미니모드 실행창이 나타난다.

- 곰캠 [미니모드] 창에서 [이미지] 창을 클릭하면 다양한 캡처 방식이 나타난다.
- 곰캠은 매우 유용한 캡처 방식을 이용할 수 있다.
- 캡처 방식으로는 전체 모니터 캡처, 전체 화면 캡처, 마우스로 영역 지정, 연속캡처, 자동 스크롤 캡처 등이 있다.

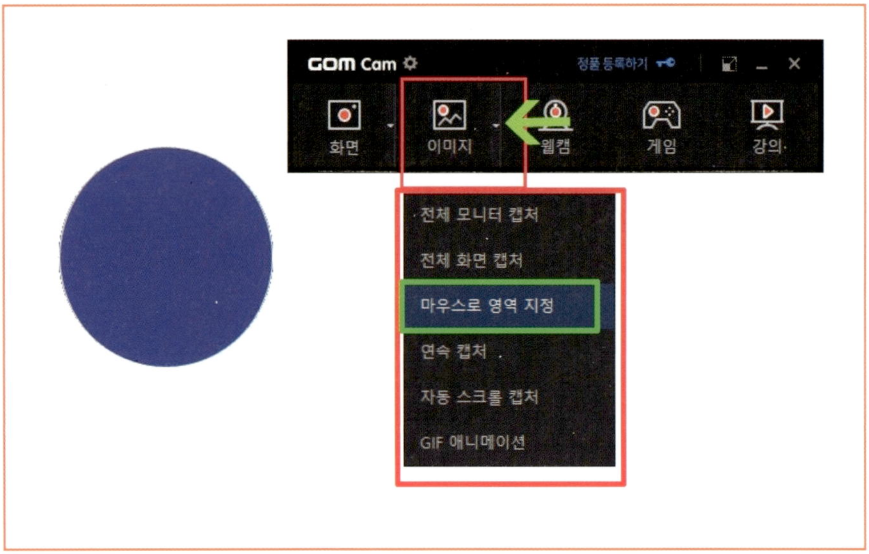

■ [마우스로 영역지정]을 클릭하면 캡처할 영역을 마우스로 드래그하여 캡처할 수 있다.

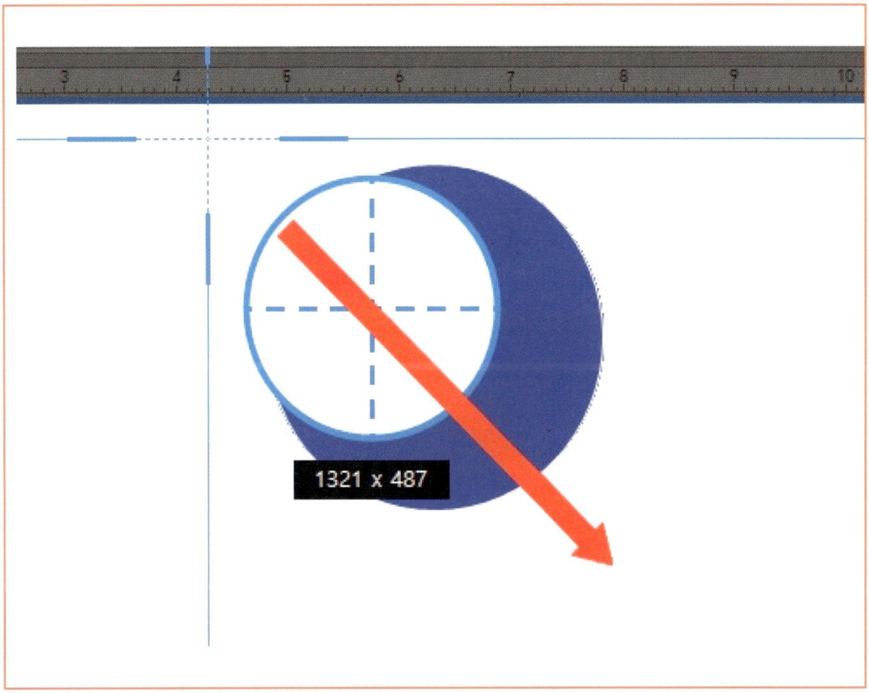

4) 알캡처

(1) 알캡처 프로그램 설치방법

https://www.altools.co.kr 알툴즈 홈페이지에서 알캡처 설치하기를 클릭한다. 무료로 설치할 수 있다.

(2) 알캡처 프로그램 실행하기

프로그램 설치가 완료되면, 바탕화면에 설치된 [알캡처] 아이콘을 클릭한다.

(3) 알캡처 방법

알캡처를 클릭하면 알캡처 실행창이 나타나며, 바탕색이 흰투명색으로 변경되며, 클릭 또는 드래그하여 캡처할 수 있다.

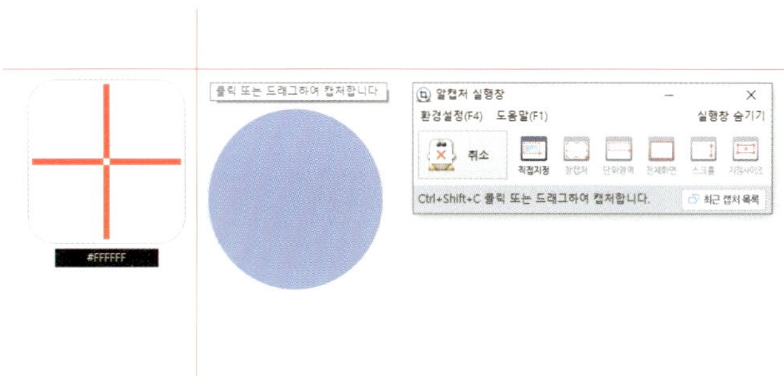

- 알캡처 환경설정 메뉴에는 다양한 기능들이 포함되어 있다.
- 직접지정 캡처, 창 캡처, 단위영역 캡처, 전체 화면 캡처 등이 있으므로 캡처하는 용도에 따라 적절하게 변경하여 이용이 가능하다.

2 그림판

- 그림판은 그림을 그리는 기본 프로그램으로, 이미지/사진 편집에 많이 사용된다.
- 윈도우를 사용하는 컴퓨터에는 별도 프로그램 설치 없이 무료로 사용할 수 있다.

1) 그림판 실행하기

- 첫째, [검색 돋보기]에서 그림판을 검색하면 기본 프로그램으로 설치되어 있어 검색된다.
- [그림판]  아이콘을 클릭하면 그림판 프로그램이 실행된다.

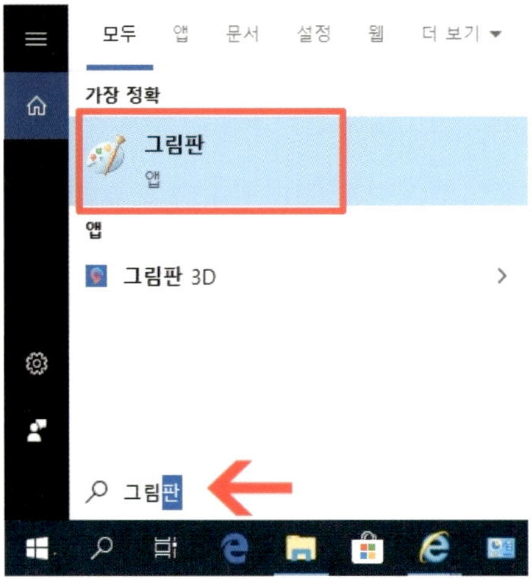

■ [그림판]  아이콘에서 마우스 오른쪽을 클릭한 후 나타나는 [작업표시줄에 고정]을 클릭한다.

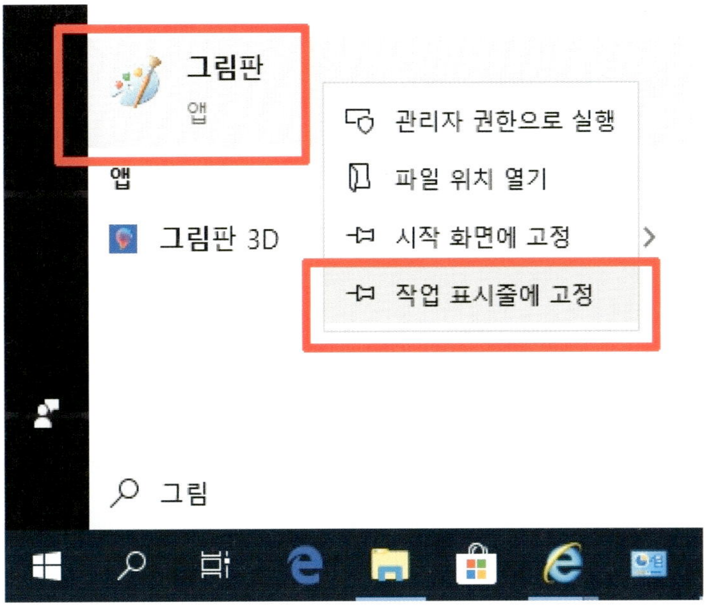

■ [작업표시줄에 고정]을 클릭하면 화면 하단 작업표시줄에 아이콘이 나타난다. 작업표시줄에 아이콘을 설치하여 간편하게 사용한다. 이후 사용부터는 작업표시줄의 단축 아이콘 을 클릭하여 실행한다.

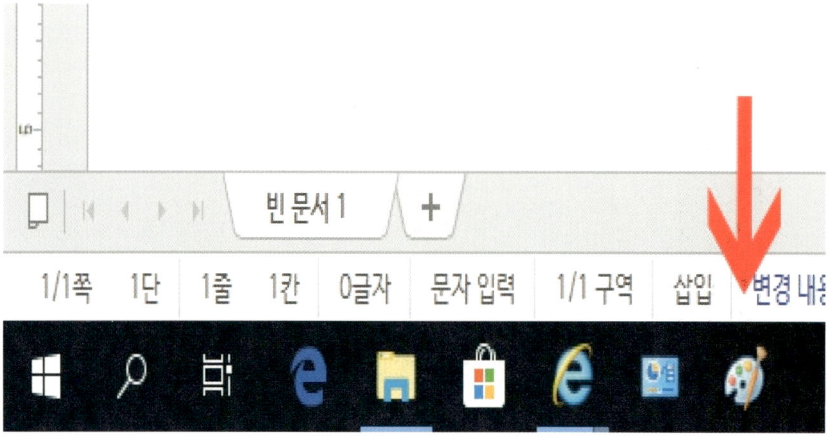

■ 둘째, [시작]-[윈도우 보조프로그램]-  [그림판] 아이콘을 클릭하면 실행된다.

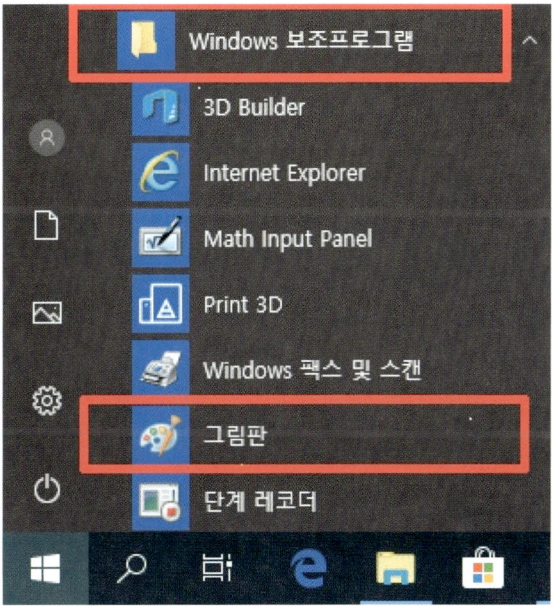

■ [그림판] 아이콘에서 마우스 오른쪽을 클릭한 후 [작업표시줄에 고정]을 누르면 화면 아래쪽 작업표시줄에 고정되어 단축 아이콘이 나타난다. 이후 사용부터는 작업표시줄의 단축 아이콘 을 클릭하여 실행한다.

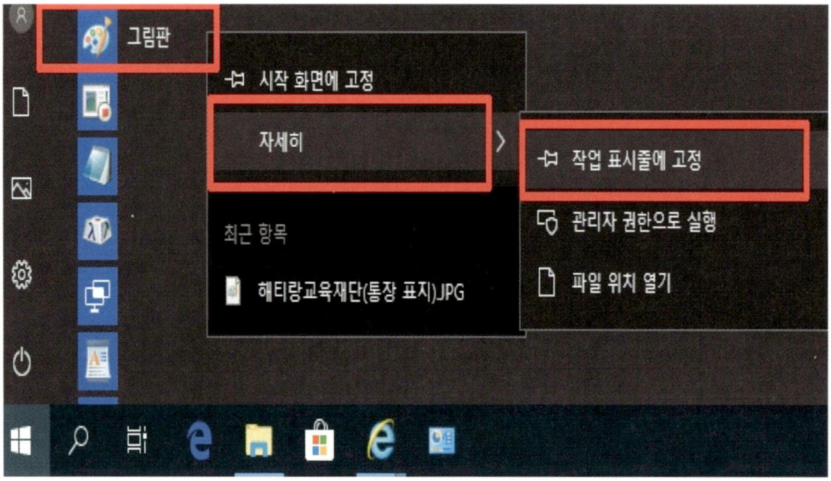

2) 그림판 구성

■ 그림판의 기본구성은 다음과 같다.

첫째, ①번의 [파일], [홈], [보기] 탭 메뉴로 구성되어 있다.

둘째, ② ③ ④ ⑤ ⑥번의 도구들로 구성되어 있다.

셋째, ⑦ ⑧번의 보구 기능들로 구성되어 있다.

넷째, 이미지/사진/그림이 위치하는 캔버스로 구성되어 있다.

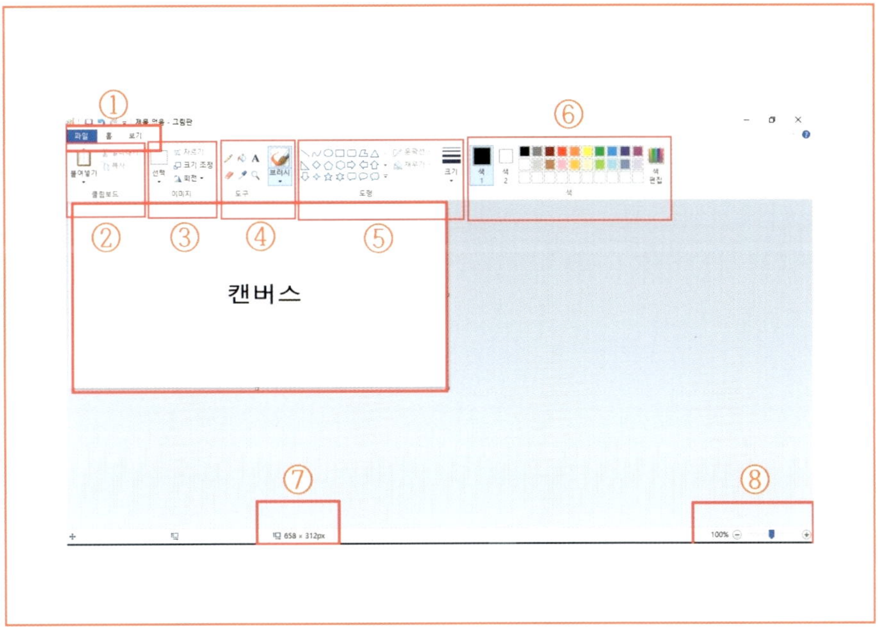

3) 그림판 시작하기

■ [파일] 탭을 선택하고 [새로 만들기]를 클릭한다.

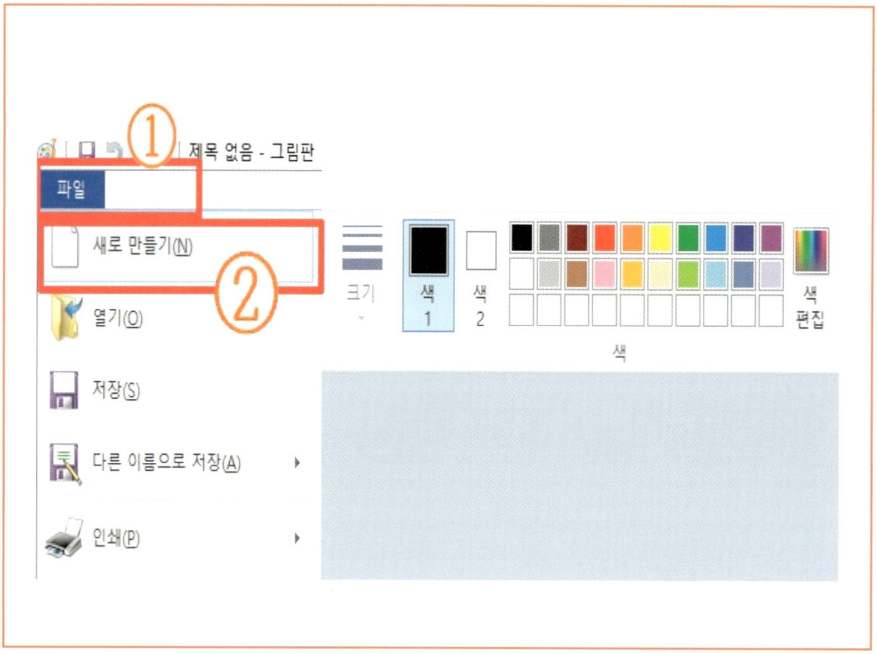

■ 새로운 캔버스가 생성된다.

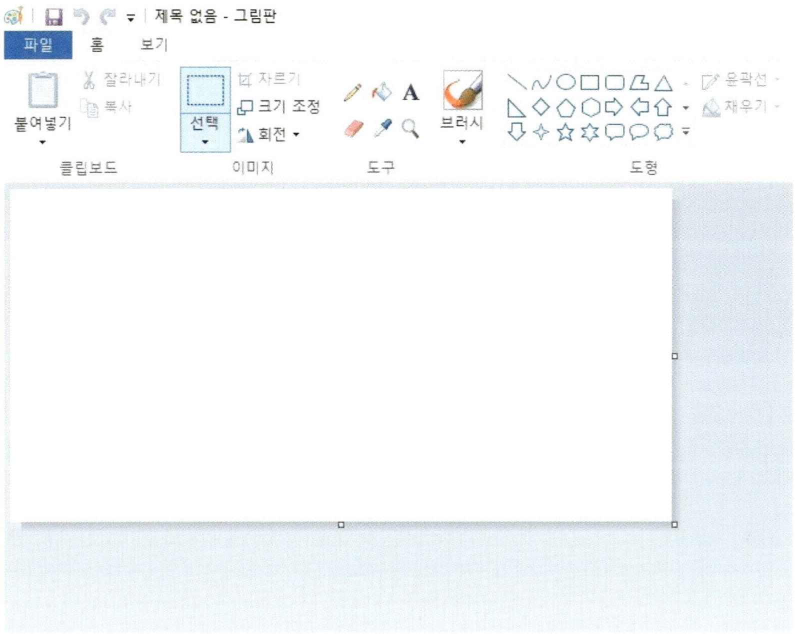

■ 메뉴-[파일]-[다른 이름으로 저장]을 선택하면 여러 가지 파일형식을 선택할 수 있는 창이 나타난다.
그림판은 png, jpg, bmp, gif 등 다양한 파일형식을 사용할 수 있다.

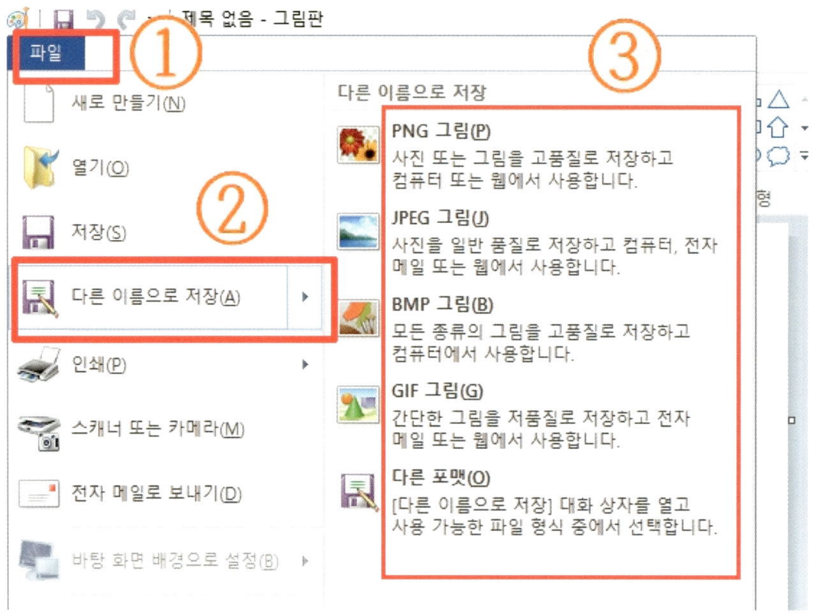

■ 작업하고자 하는 파일에 적합한 파일형식을 선택한 다음, [다른 이름으로 저장]-[폴더]-[파일이름]-[파일형식]-[저장] 순으로 저장한다. 이 작업은 반드시 작업 전 이루어져야 한다.

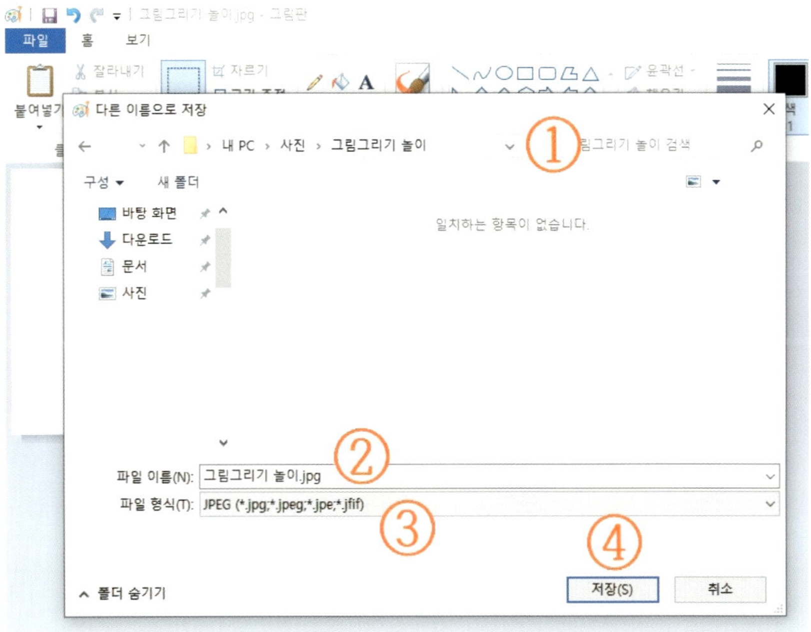

4) 그림판으로 그림그리기 놀이

■ 그림판으로 그림그리기 놀이를 시작해 보자.

(1) 캔버스의 크기를 설정한다.

■ 메뉴-[홈]-[크기 조정]-[크기 조정 및 기울이기]에서 조정이 가능하다. 그림그리기 놀이에 적당한 캔버스의 크기를 설정한다.
그리기 놀이 종료 후 인쇄를 하거나 홈페이지, 모바일에 공유할 것을 고려하여 캔버스의 크기를 설정한다. 캔버스의 크기는 작업 중 수시로 변경이 가능하다.

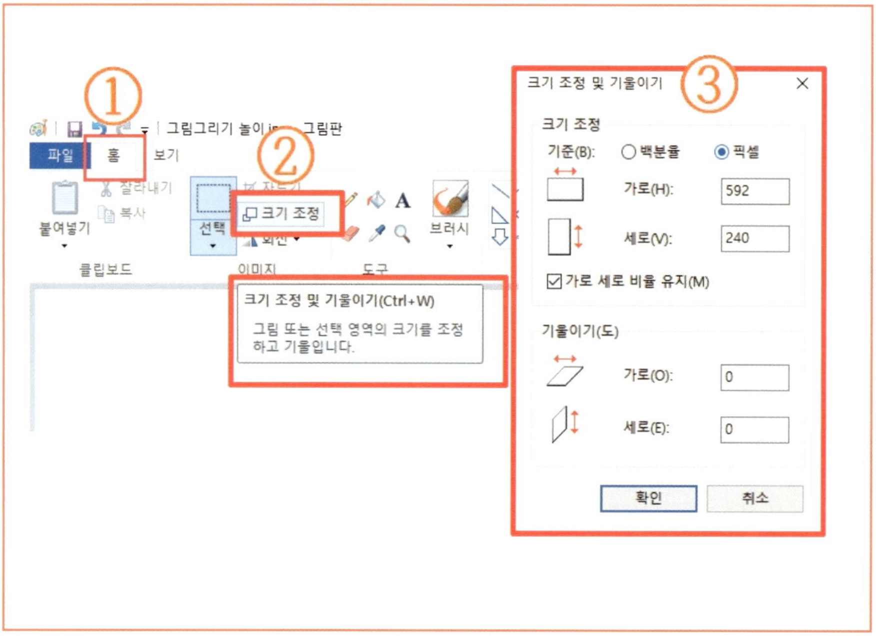

■ 캔버스의 크기는 [모서리]를 드래그해도 크기 조정이 가능하다. 파일용량과 그림크기에 대한 정보는 화면 아래쪽에 나타난다.

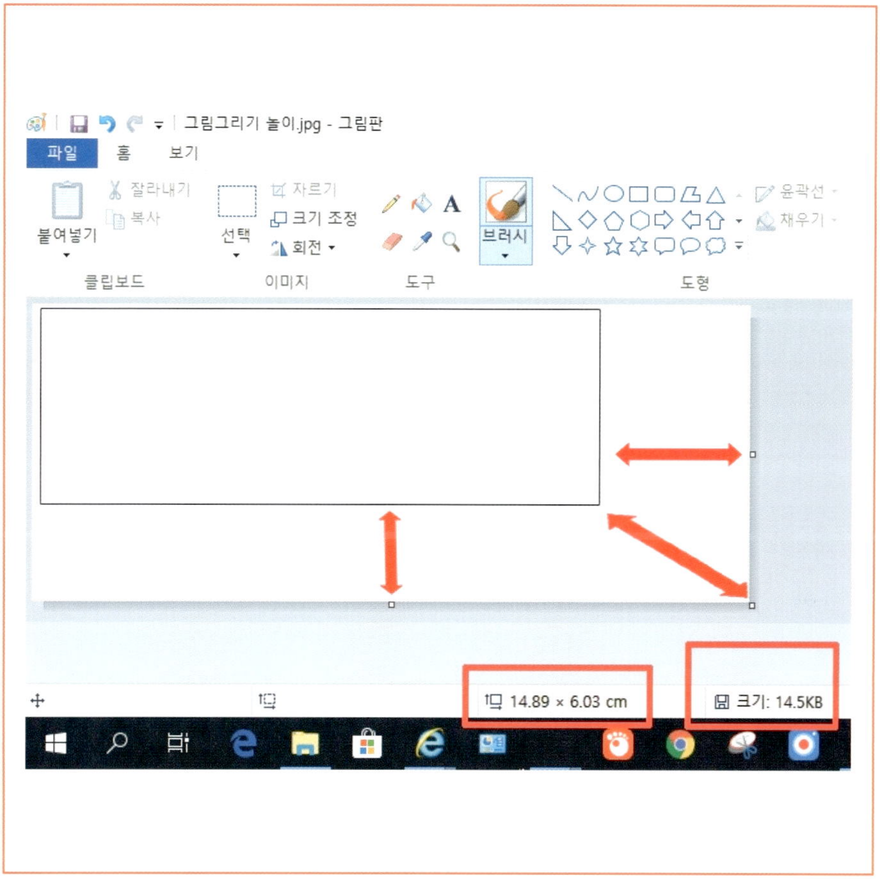

(2) 연필로 그림그리기 놀이하기

■ 파일-[홈]-[도구]-[연필 아이콘]-[크기]-[색1]-[색 선택]

연필로 그림을 그릴 때 연필의 두께와 색깔을 선택한 후 그릴 수 있다.

연필은 자유형 선을 그릴 때 사용하면 편리하다.

그림을 그릴 때 마우스를 클릭한 상태에서 그림을 그리면 된다.

[색1]은 마우스의 왼쪽을 클릭한 상태에서 그림을 그린다.

[색2]는 마우스의 오른쪽을 클릭한 상태에서 그림을 그린다.

(3) 지우개 사용하기

■ 파일-[홈]-[도구]-[지우개 아이콘]-[크기]-[색2]-[흰색 선택]
지우개를 사용할 때는 [색2]를 클릭한 상태에서 그림을 지운다.

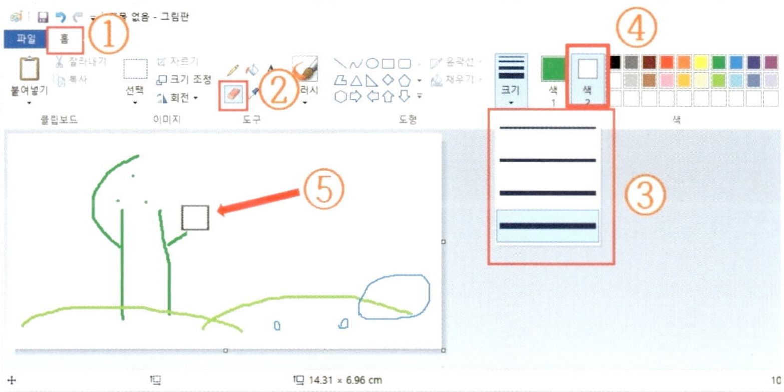

(4) 브러시로 그림그리기 놀이

■ 사용방법은 [연필] 도구와 똑같다.

브러시는 연필보다 더 풍부한 그림을 그릴 수 있다.

브러시의 종류-크기-색을 잘 조합하면 다양한 그림그리기 놀이를 할 수 있다.

도구 [브러시]의 종류에는 브러시, 붓글씨 브러시1, 붓글씨 브러시2, 에어브러시, 유화 브러시, 크레용, 마커, 일반연필, 수채화 브러시 등이 있다.

[색1]을 클릭하고 색을 선택하고 [색2]를 클릭하고 색을 선택한 후, 기본색은 [색1] 마우스 왼쪽을 클릭한 상태에서 드래그하는 방법으로 그림을 그리고, 포인트나 다른 색을 표현할 때 [색2] 마우스 오른쪽을 클릭한 상태에서 드래그하면서 그림그리기 활동을 하면 빠르고 재미있는 다양한 그림그리기 놀이 활동을 할 수 있다.

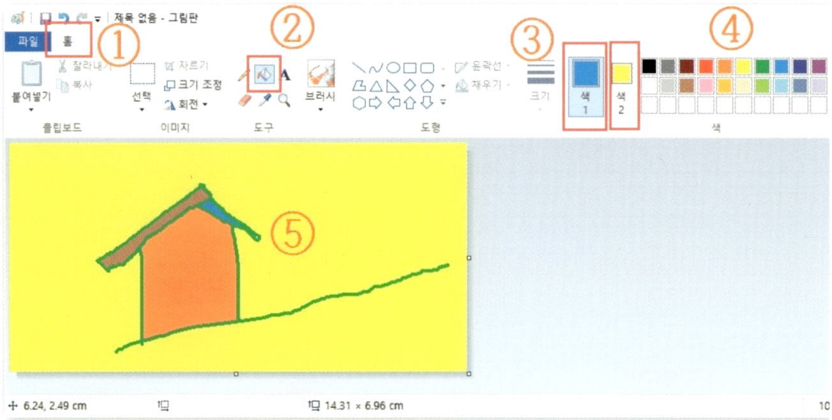

(5) 색채우기 놀이

■ 연필이나 브러시로 그린 그림에 다양한 색을 칠한다.
브러시로 색칠할 수도 있지만 색채우기로 색칠하면 속도가 빠르고 깨끗한 색칠하기 놀이를 할 수 있다.
도구 [색1]의 색과 [색2]의 색을 선택하고 마우스 왼쪽과 오른쪽을 혼합하여 사용하면 다양하고 신나는 색채우기 놀이 활동을 할 수 있다.
여러 가지 색을 유아들의 흥미와 선택에 따라 변경해 보자.
완성된 그림을 저장한 후 인쇄해 보자.
똑같은 그림에 다양한 색을 채우고 인쇄해서 서로 이야기를 나누어 보자.

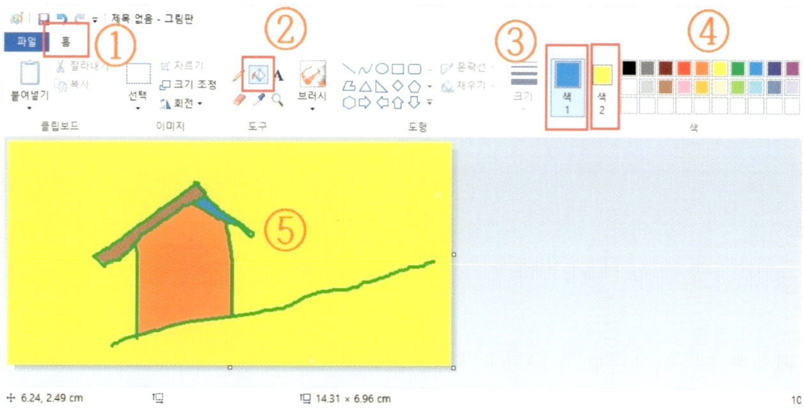

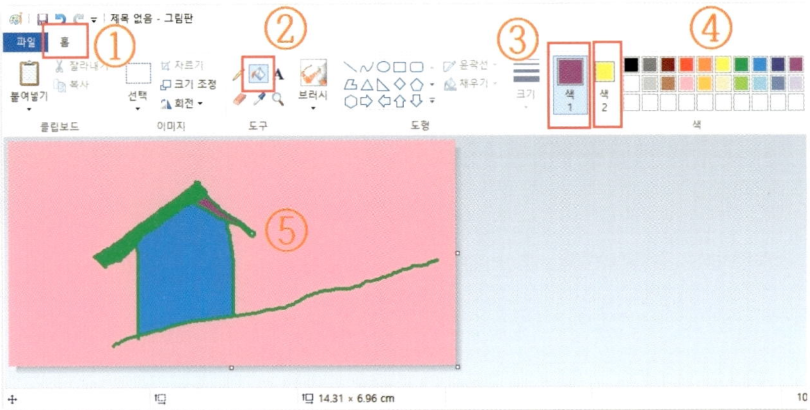

5) 사진 편집 놀이

■ 유아들이 직접 촬영한 사진이나 가족사진 등을 그림판으로 창의적으로 편집하는 놀이활동을 해 보자.

(1) 사진 불러오기

■ 메뉴-[파일]-[열기] 저장한 폴더에서 사진 불러오기

(2) 사진 크기 조정하기

■ 메뉴-[홈]-[크기 조정]에서 픽셀을 선택하고 [가로 세로 비율 유지]를 조정하고 숫자를 넣어서 크기를 조정한다.

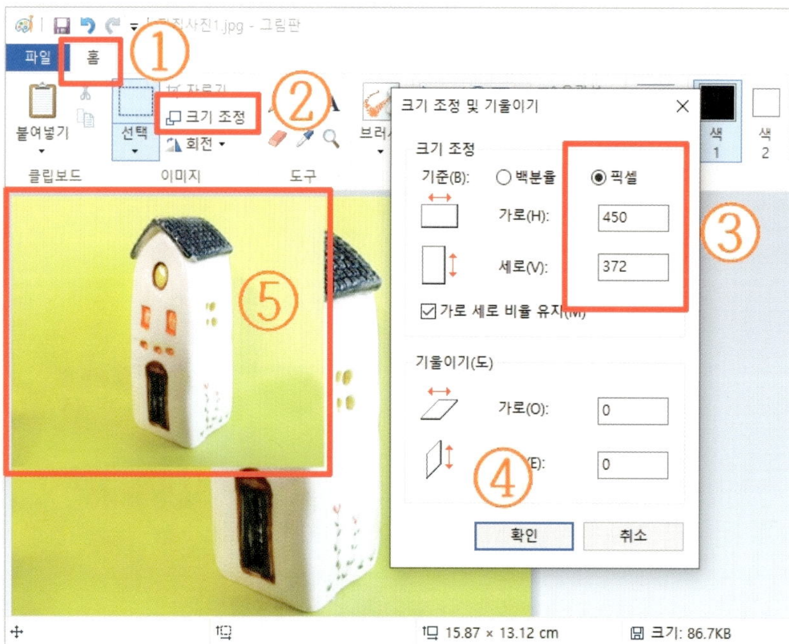

(3) 사진 자르기

■ 메뉴-[홈]-[선택]-[사각으로 선택/자유형으로 선택]을 선택한다.

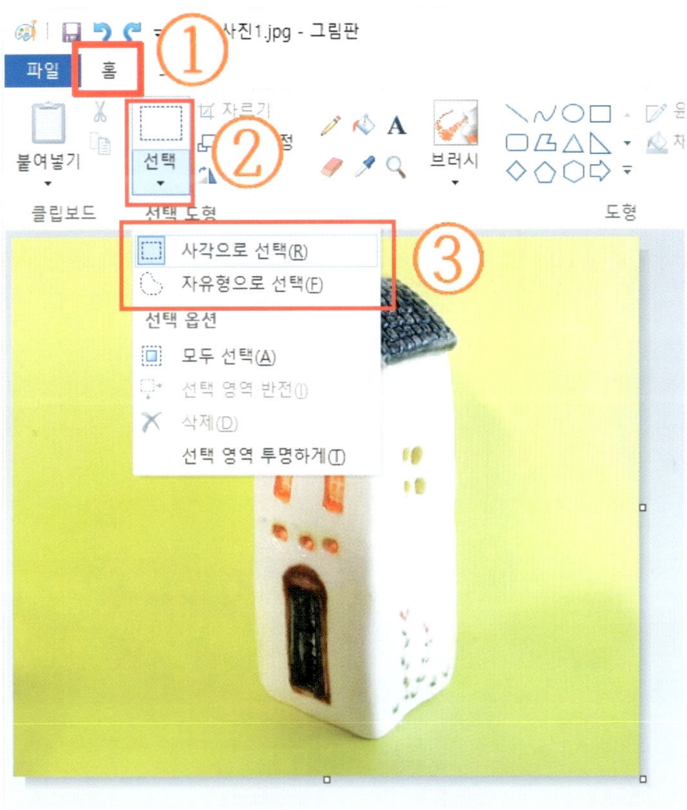

■ [자유형으로 선택]하고 마우스로 자르는 모양을 따라 드래그한 후 [자르기 아이콘]을 클릭한다.

자른 사진을 저장하기 위해서 [파일]-[다른이름으로 저장]한다.

3 포토스케이프(Photoscape)

■ 포토스케이프(PhotoScape)는 대한민국의 MOOII Tech가 개발한 그래픽 편집 프로그램으로 사진, 이미지를 간편하게 향상, 보정, 편집하는 사진 편집 프로그램이다. 간편한 편집 방법을 통해 이미지의 색상 조절, 자르기, 보정, 인쇄, GIF 애니메이션 등의 일반적인 이미지 편집 기능을 실행할 수 있다.

1) 포토스케이프 실행하기

■ http://photoscape.org 포토스케이프 홈페이지 혹은 포토스케이프를 검색하여 다운로드를 실행한다.
포토스케이프는 무료이므로 어디서나, 누구나 사용이 가능하다.

■ 프로그램을 설치하고 바탕화면에서 [포토스케이프 아이콘]을 클릭하면 실행된다.

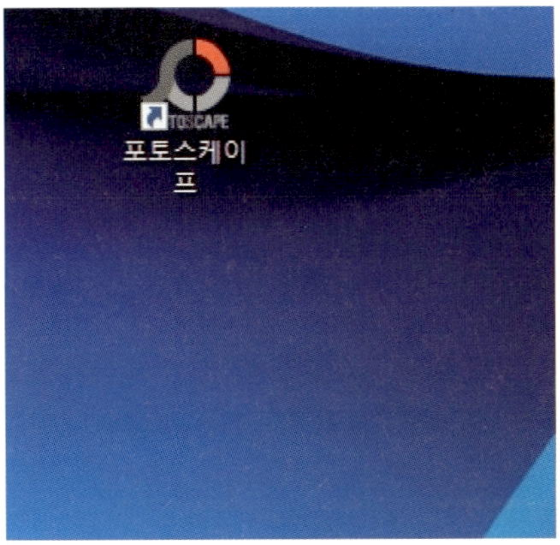

■ 포토스케이프 첫 화면에는 다양한 기능들이 구성되어 있다.

- 사진뷰어: 폴더의 사진을 한눈에 보기, 슬라이드쇼
- 사진편집: 크기/밝기/색상 조절, 역광보정, 액자, 말풍선, 모자이크, 글쓰기, 그리기, 자르기, 필터, 적목보정, 뽀샤시, 페인트브러시, 복제도장툴, 효과브러시
- 일괄편집: 여러 장을 한번에 변환하는 일괄처리
- 페이지: 여러 장을 템플릿 한 장으로 만들기
- 이어붙이기: 아래로, 옆으로, 바둑판으로 여러 장을 한 장으로 이어 붙이기
- GIF애니메이션: 움직이는 GIF 사진으로 만들기
- 인쇄: 증명사진, 명함사진, 여권사진이나 썸네일 인쇄
- 사진분할: 한 장의 사진을 여러 장으로 분할
- 화면캡처: 화면을 캡처해서 편집, 저장하는 기능
- 색상검출: 사진이나 웹상의 화면을 확대해서 색상을 알아내는 색상검출 기능
- 이름변환: 사진이름 일괄변환
- RAW변환: RAW 파일을 JPG 파일로 일괄변환
- 종이: 줄노트, 모눈종이, 오선지, 달력 출력
- 얼굴검색: 인터넷에서 동일하거나 비슷한 얼굴을 검색

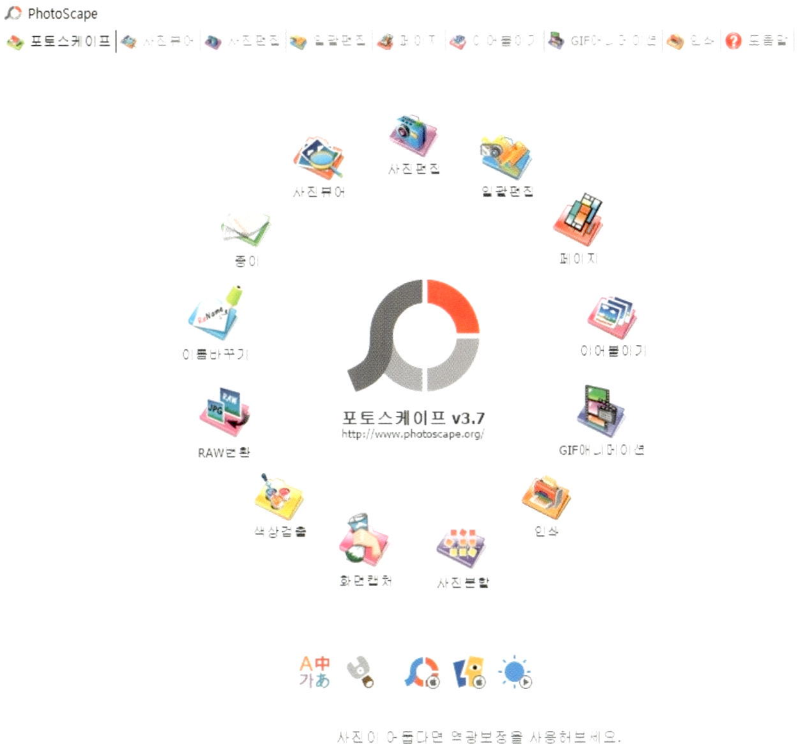
PhotoScape
포토스케이프
사진뷰어
사진편집
일괄편집
페이지
이어붙이기
GIF애니메이션
인쇄
사진분할
화면캡처
RAW변환
이름바꾸기
종이
포토스케이프 v3.7
http://www.photoscape.org/

2) 포토스케이프로 사진 편집 놀이

(1) 사진 자유롭게 자르기

■ [사진편집]을 선택하고 사진이 저장된 폴더①를 선택하고 불러온 사진 중 ②에서 편집할 사진을 클릭하면 사진이 편집창에 나타난다. 다양한 편집 도구③를 선택하여 사진을 편집할 수 있다.

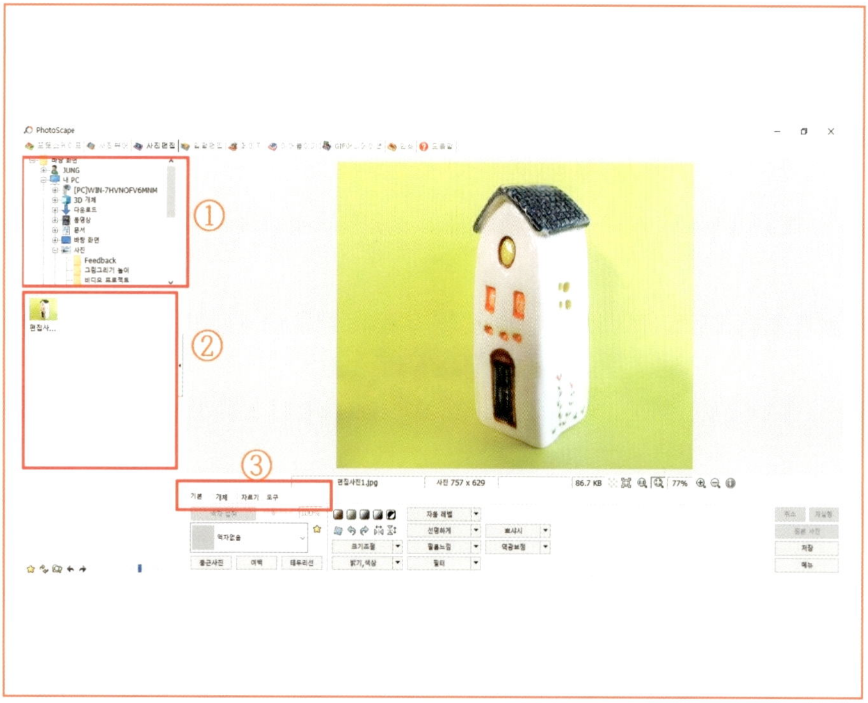

■ [자유롭게 자르게]를 선택하고 드래그하면 사진을 자를 수 있다.

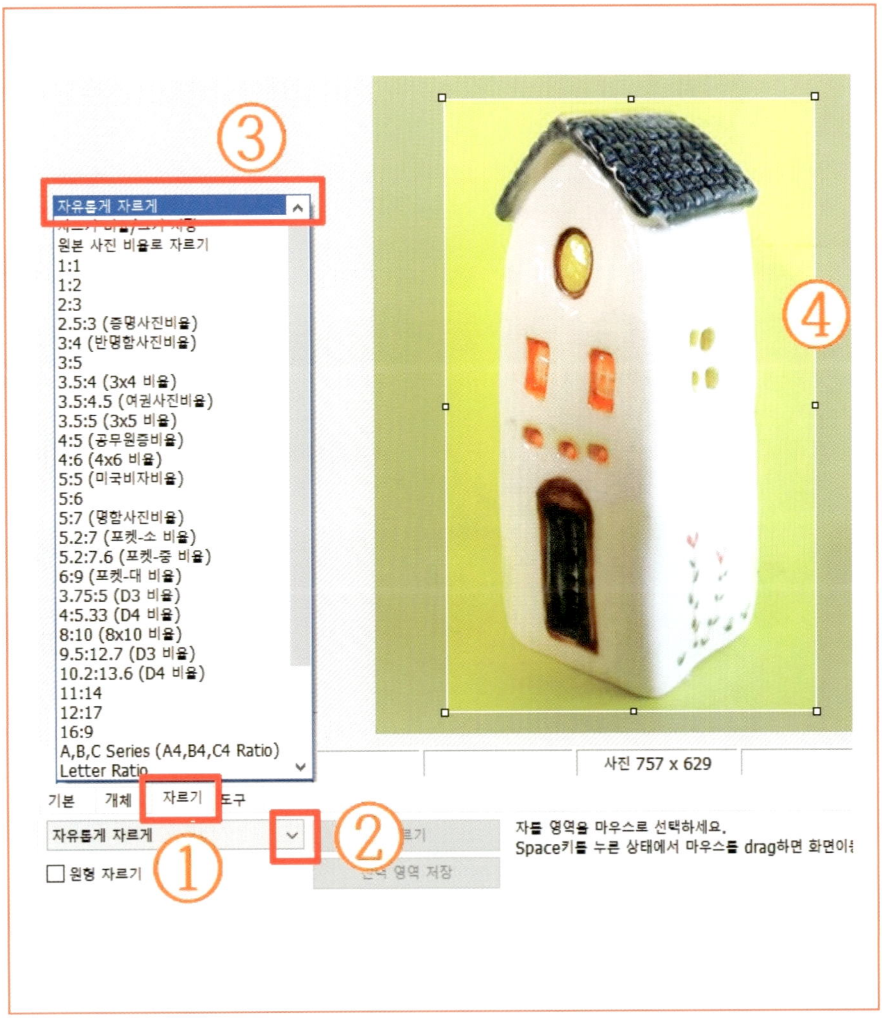

(2) 사진 모자이크 놀이

■ [도구]-[효과 브러쉬]-[모자이크]를 선택하고 모자이크할 사진부분을 마우스로 드래그하면 사진이 모자이크 처리된다.
자유롭게 특정 부분을 모자이크 처리하며 사진을 편집한다.

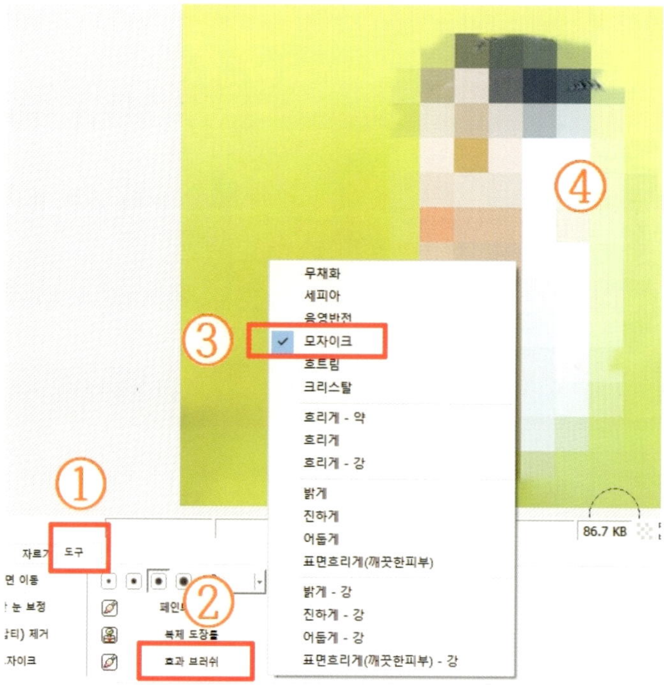

(3) 사진 복제하기 놀이

■ 사진 복제하기 방법은 포토스케이프에서 가장 유용한 기술이고, 많이 이용되는 방법이다.

[도구]-[복제 도장툴]을 선택하고 복제할 부분을 먼저 클릭하고 복제하는 곳을 클릭하면서 이동하면 복제된다. 특정한 부분의 사진을 옆의 이미지와 동일하게 하거나, 특정 부분을 복제하기 위해 많이 사용된다.

마우스 휠을 움직이면 복제도장의 크기를 조정할 수 있다.

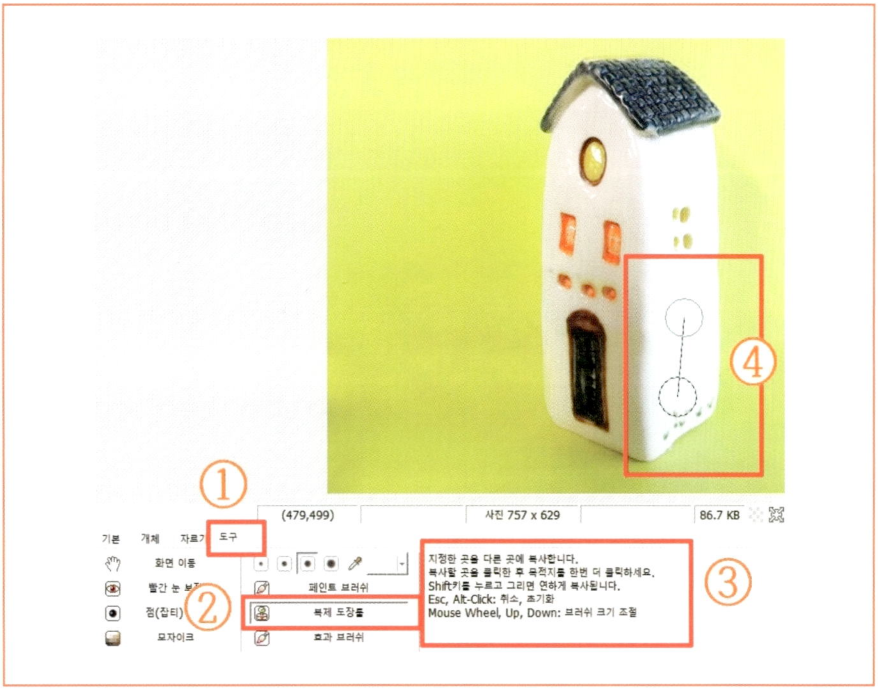

(4) 사진 페이지(콜라주) 놀이

- 사진을 다양한 페이지에 붙여 넣어 꾸미는 놀이활동이다.
- [페이지]①을 선택하고-다양한 [페이지모양] 중 1개를 선택-[사진저장 폴더]를 클릭하면 폴더 안에 있는 사진들이 나타난다④. 나타난 사진 중에서 페이지에 붙이고 싶은 사진을 드래그해서 옮긴다. 페이지 숫자만큼 드래그하여 옮긴다. 옮긴 사진 중 효과를 선택한다. 어두운 사진은 [밝게]를 선택하여 사진을 밝게 표현한다.
- 페이지가 완성되면 저장하여 지정된 폴더에 저장한다.

  여러 가지 페이지를 창의적으로 선택하여 사진을 다양한 방법으로 편집해 본다.

  최종 편집 놀이한 페이지를 저장하고 인쇄하여 서로 이야기를 나누어 본다.

4 알씨(ALSee)

- 이스트소프트에서 개발한 알씨(ALSee)는 이미지/사진 뷰어프로그램이다.
- 알씨(ALSee)는 사진 편집부터 동영상 만들기, 사진 포맷 변환, 자동회전, 일괄편집, 사진 꾸미기 등 편리한 기능을 제공하는 이미지 뷰어 프로그램이다.
- 일반적으로 무료프로그램을 이용하면 누구나 편리하게 사용이 가능하다.

1) 알씨 실행하기

- https://www.altools.co.kr 알툴즈 홈페이지 혹은 [알툴즈-다운로드] 홈페이지에서 무료로 설치한다.

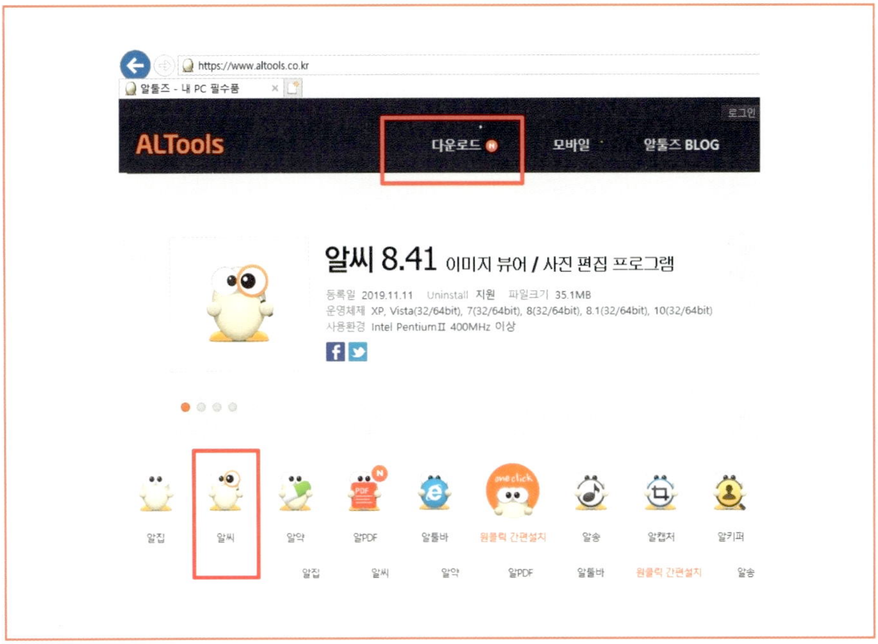

■ 프로그램을 설치하고 바탕화면에서 [알씨 아이콘]을 클릭하면 실행된다.

■ 알씨는 다양한 기능들로 구성되어 있다.

- 사진/이미지 파일을 볼 수 있다.
- 이미지 해상도 또는 화면 크기, 배율 조정에 따라 다양한 보기 옵션이 있다.
- 사진 자동회전을 통해 이미지를 자동으로 회전해서 보여 준다.
- 압축된 이미지 파일을 압축 해제하지 않고 볼 수 있다.
- 포맷변환, 회전, 크기변경, 자르기, 색조절, 액자, 글자쓰기 등이 가능하다.
- 일괄편집으로 많은 사진을 한꺼번에 이름 바꾸기, 회전, 포맷변환이 가능하다.
- 꾸미기 기능 제공 : 자르기, 색조절, 글자쓰기, 말풍선, 액자, 도장, 수평맞춤
- SNS 사진 공유 : 알씨로 사진을 트위터, 페이스북으로 업로드 가능하다.

2) 알씨로 사진 편집 놀이

(1) 알씨 기능 알아보기

■ 메뉴-[파일]을 선택하면, 사진/이미지 파일을 열거나, 다른 이름으로 저장, 인쇄하기 등의 기능이 있다.

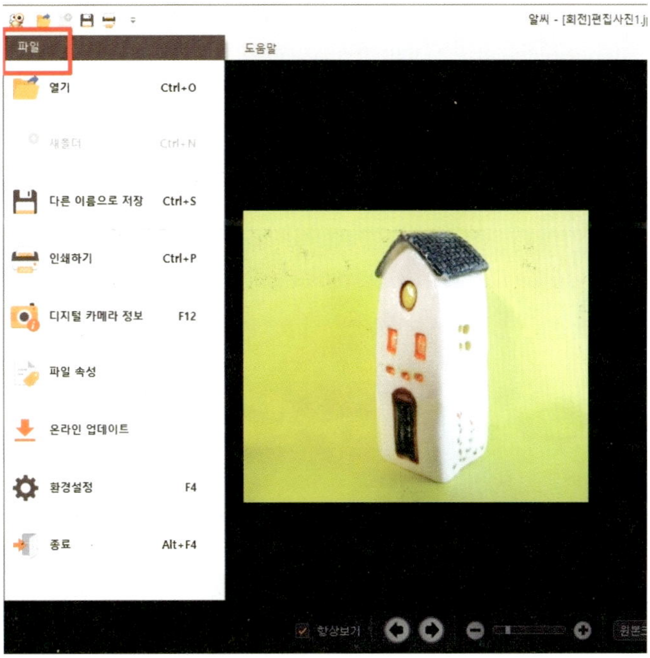

■ 메뉴-[홈]을 선택하면, 목록보기, 연속보기, 전체화면 기능이 있다. 이동에는 이전, 다음, 마지막 기능이 있다.
회전에는 사진/이미지 파일을 왼쪽, 오른쪽으로 회전할 수 있다. 카메라를 통해 촬영한 사진을 회전할 수 있다. 목록보기에서 여러 장의 사진을 동시에 회전시킬 수도 있고, 한 장씩 선택하며 회전시킬 수도 있다.
배치에서는 맞춤으로 화면에서의 보기 방법을 선택할 수 있고, 한장보기, 두장보기, 네장보기 등의 기능이 있다.

■ 메뉴-[편집]을 선택하면, 붙여넣기, 복사, 삭제, 이름변경의 기능이 있다.

■ 메뉴-[보기]를 선택하면, 표시에서 사진보관함, 확대/축소 기능이 있다.

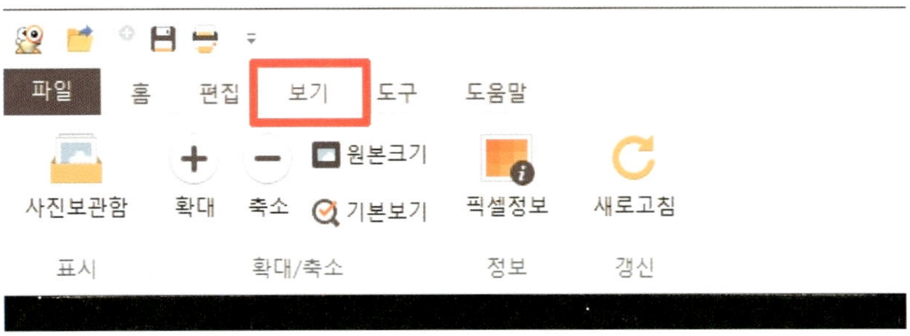

■ 메뉴-[도구]를 선택하면, 동영상을 만드는 기능이 있다. 가장 많이 이용하는 꾸미기에서 다양하게 사진/이미지를 꾸미기 할 수 있다. 캡처, 일괄편집, 회전하기, 크기변경 등의 기능이 있다.

(2) 사진 꾸미기 놀이

■ 메뉴-[도구]-[꾸미기 아이콘]을 선택한다.

■ 자르기 놀이

메뉴-[도구]-[꾸미기 아이콘]-[자르기]를 선택한다.

■ 소프트포커스 놀이

사진/이미지에 다양한 효과를 설정할 수 있다.

메뉴-[도구]-[꾸미기 아이콘]-[효과]를 선택한다.

[효과]에는 [소프트포커스] [모자이크] [적목제거] 기능이 있다.

[효과]-[소프트포커스]는 배경을 흐리게 함으로써 지정한 부분을 더 선명하고 부드럽게 하는 기능이다. 아웃포커스 개념으로 사용된다.

사진/이미지를 선택하고 [미리보기] 탭에서 [효과]를 선택한다.

[효과]-[소프트포커스]를 선택한 후 포커스를 지정한다.

[포커스 크기]를 선택한 후 [배경흐림] 정도를 선택한다.

포커스를 조정하면서 작업 후 완료되면 적용하기를 선택한다.

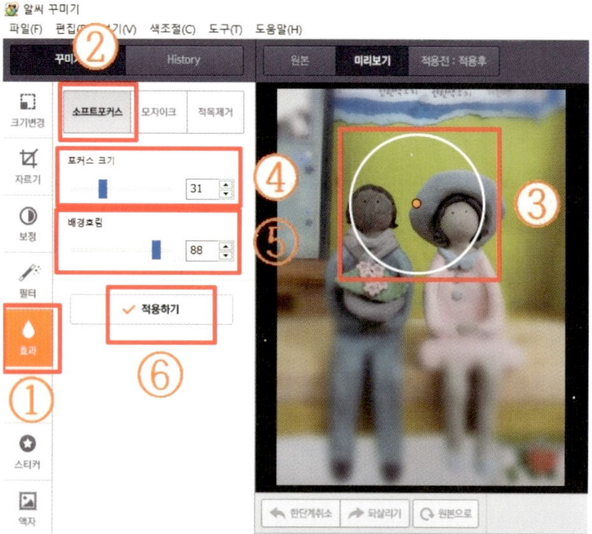

■ 적용전-적용후 기능

[효과] 기능을 사용하여 작업이 완성되면 완성된 사진이 원본과 어떻게 변경되었는지 비교해 보자.

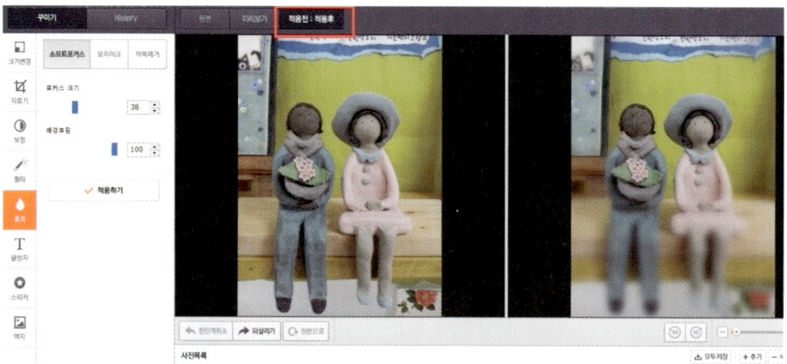

■ 모자이크 놀이

특정 부분을 모자이크 처리하는 놀이를 해 보자.

[효과]-[모자이크]를 선택한 후 마우스를 드래그하거나, [모자이크 크기]를 설정한다. [모자이크 밀도]를 선택하여 모자이크의 밀도를 조정한 후 적용하기를 선택한다.

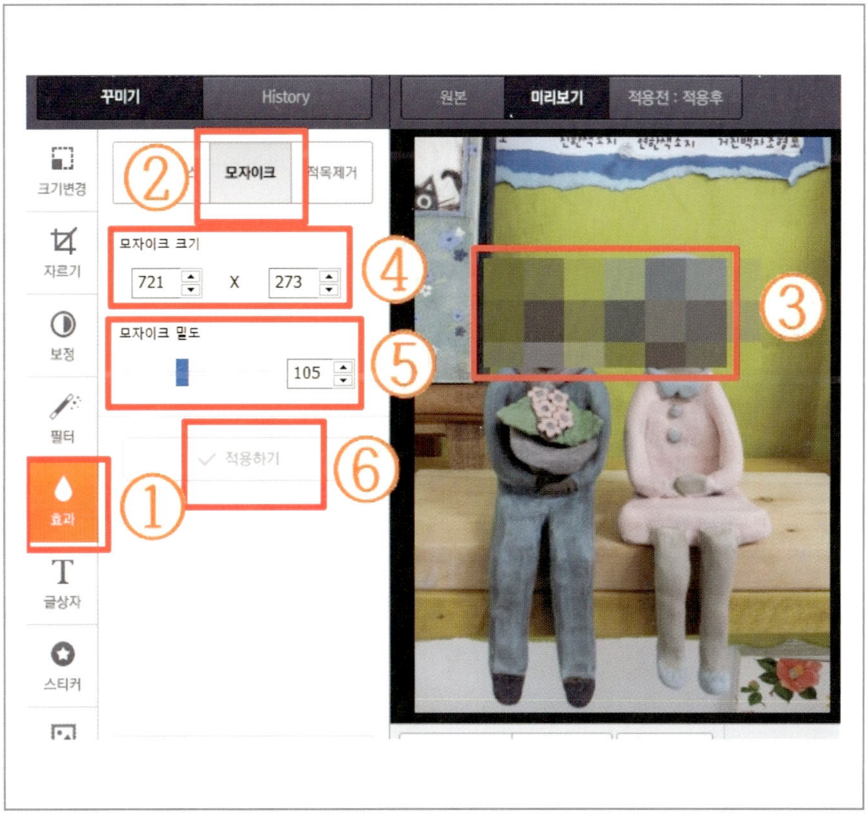

■ 작업 전 - 작업 후 비교

모자이크 작업한 사진을 작업 전 - 작업 후를 비교해 보자.

■ 보정 놀이

사진/이미지를 용도에 따라 다양하게 보정해 보자.

[보정]을 선택한 후 밝기, 대비, 채도, 선명도, 수평조절을 적용해 보자.

■ 작업 전 - 작업 후 비교

보정 작업한 사진을 작업 전 - 작업 후를 비교해 보자.

■ 글상자로 글자 넣기 놀이

편집한 사진/이미지에 글상자로 글자를 넣어 보자.

[글상자]를 선택한 후 [글상자 도형]에서 넣고자 하는 글상자를 선택한다.

글상자의 위치를 선정한 후 [윤곽선]의 색을 지정한다.

[윤곽선]의 [두께]를 선택한다.

[글상자]의 [채우기] 색을 지정한다.

[내용입력]에서 글꼴을 선택하고 크기를 선택한 후 글자를 입력한다.

여러 가지 방법으로 글상자를 입력한 후 완성되면 [적용하기]를 클릭한다.

꾸미기
History
원본
미리보기
적용전 : 적용후
크기변경
자르기
보정
필터
효과
글상자
스티커
액자
글상자 도형
윤곽선
두께
채우기
내용 입력
굴림
82
사진 정보 입력
사랑해요
위치 맞춤 기준
정중앙
초기화
적용하기
모든 사진에 적용하기
한단계취소
되살리기
원본으로
사진목록
사랑해요
①
②
③
④
⑤
⑥

■ 스티커 놀이

[스티커]를 선택한 후 사진에 다양한 스티커를 넣어 보자.
[스티커]를 선택한 후 표현하고자 하는 스티커를 선택한다.
사진에 나타난 스티커를 드래그해서 모양과 위치를 변경한다.
추가하려면, 마우스를 빈 곳에 클릭한 후, 다른 스티커를 선택하면 추가된다.
반복적으로 스티커를 추가하고 위치와 모양을 변경하여 재미있는 스티커 놀이를 해 보자.

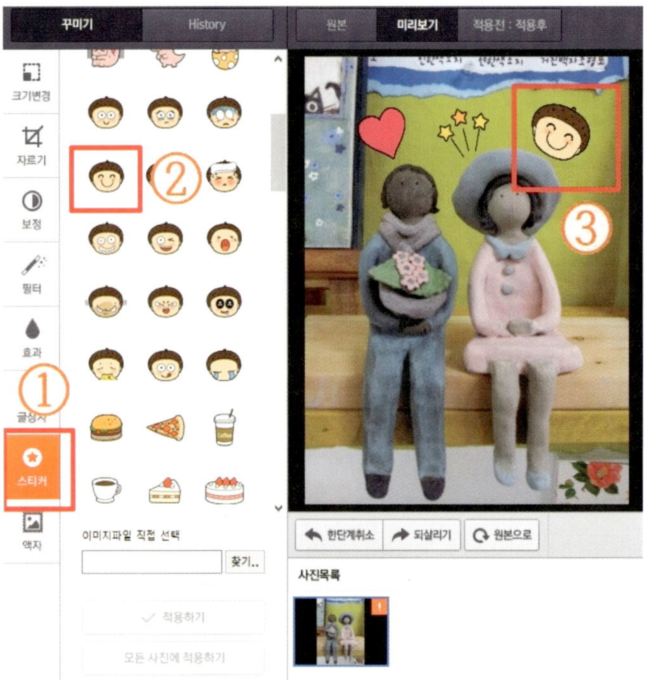

■ 액자 놀이

사진/이미지에 예쁜 액자를 넣어 보자.

■ 작업 전 – 작업 후 비교

액자 작업한 사진을 작업 전 – 작업 후를 비교해 보자.

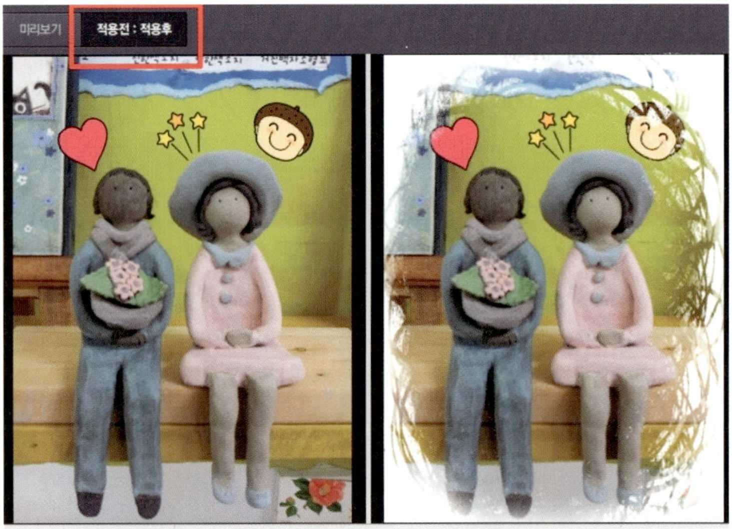

5 포토샵(Photoshop)

- 포토샵은 컴퓨터 그래픽 작업에 있어서 가장 기본이 되는 프로그램이다.
- 사진 편집, 합성부터 디지털 페인팅, 애니메이션, 그래픽 디자인에 유용하다.
- 전체 이미지에서 부분을 제거하거나 잘라 내고 수정 및 결합에 매우 편리하다.
- 다양한 색상 및 효과를 사용하여 사진을 예술적으로 변화시키기에 편리하다.

1) 포토샵 화면구성

- 포토샵의 기본 화면은 크게 4개 영역으로 구성되어 있다.
  메뉴바, 도구상자, 팔레트, 이미지 창으로 구성되어 있다.

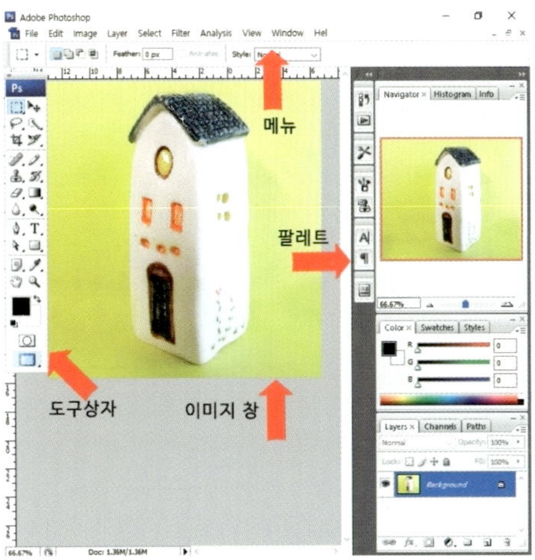

2) 이미지 편집 놀이

(1) 포토샵 저장 방법

- 메뉴-[파일File]-[열기Open]-파일선택-[열기]를 클릭하여 이미지를 불러온다.
- 이미지를 편집한 후 저장하기 위해서는 여러 가지 방법이 있다.
- 메뉴-[파일File]-[따로저장Save As]을 클릭하면 따로저장 대화상자에서 파일이름을 작성하고, 파일 형식(Format)을 지정하고 저장해야 한다.
- [파일 형식Format]에는 여러 가지 형식이 있다.
  * Photoshop(*.PSD; *.PDD) : 포토샵에서 레이어로 작업한 형식 그대로 저장 편집한 이미지를 저장해서 불러오기 위해서 이용
  * 그 외, JPEG, PNG, GIF, PDF 형식으로 저장할 수 있다.
  * PSD 이외의 형식으로 저장하는 경우에는 편집한 레이어는 보이지 않는다. 즉, PSD는 이미지 편집을 위한 저장형식이다.

(2) 선택도구로 편집 놀이하기

- 메뉴-[파일File]-[열기Open]-파일선택-[열기]를 클릭하여 이미지를 불러온다.
- 선택도구는 이미지를 편집하기 위한 가장 기본적인 도구이다.
  선택한 부분을 복사하거나 잘라내기, 필터 적용 등의 작업을 할 수 있다.
- 도구상자-[마퀴] 마우스 오른쪽을 클릭하면 4개의 옵션바가 열린다.
  * 사각형선택윤곽도구 Rectangular Marquee Tool : 사각형 영역을 선택할 때

* 원형선택윤곽도구 Elliptical Marquee Tool : 원형 영역을 선택할 때

* 단일행선택윤곽도구 Single Row Marquee Tool : 1픽셀 크기의 수평선 선택

* 단일열선택윤곽도구 Single Column Marquee Tool : 1픽셀 크기의 수직선 선택

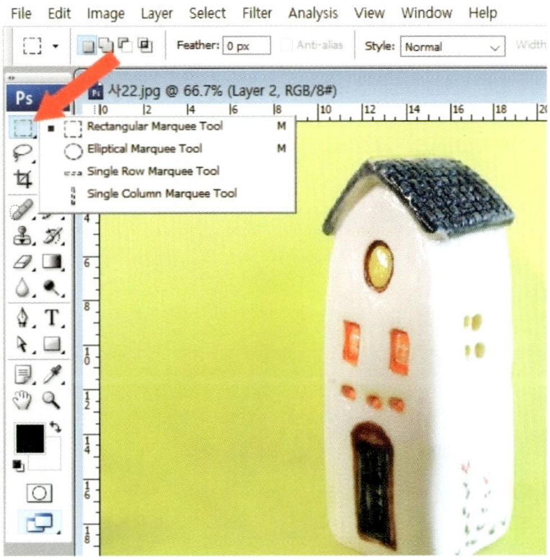

■ 사각형선택윤곽도구 Rectangular Marquee Tool 편집 놀이

* 사각형선택윤곽도구를 선택한다.

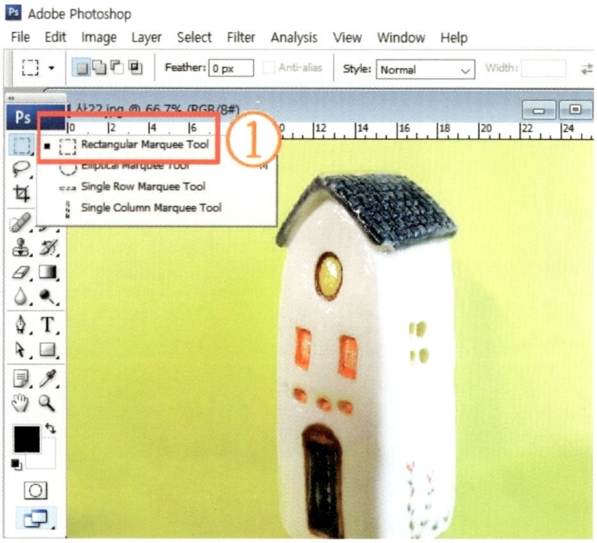

* 편집할 이미지 부분을 사각형으로 드래그한다.
점선 모양의 사각형이 드래그 된다.

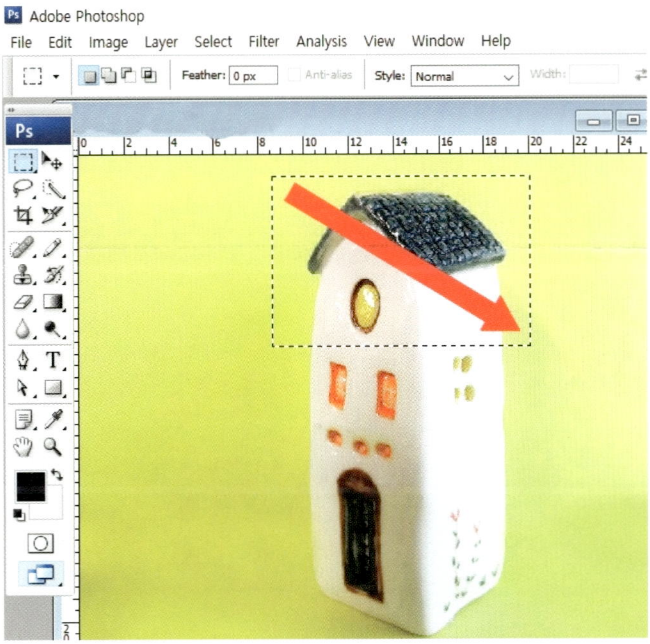

* 점선이미지에서 마우스 오른쪽을 클릭한 후 [레이어 복사하기 Layer via Copy]를 클릭한다.
* 팔레트 레이어에 복사한 레이어가 추가된다.

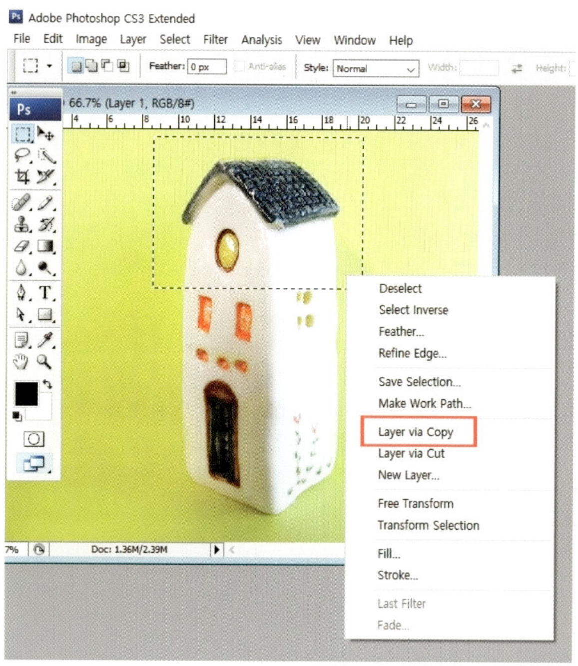

* 도구상자에서 ① 무브툴을 선택 - ② 팔레트에서 복사된 레이어를 선택 - ③ 점선 복사이미지에서 마우스를 이동하면 복사된 이미지 - 생성되며 이동된다.

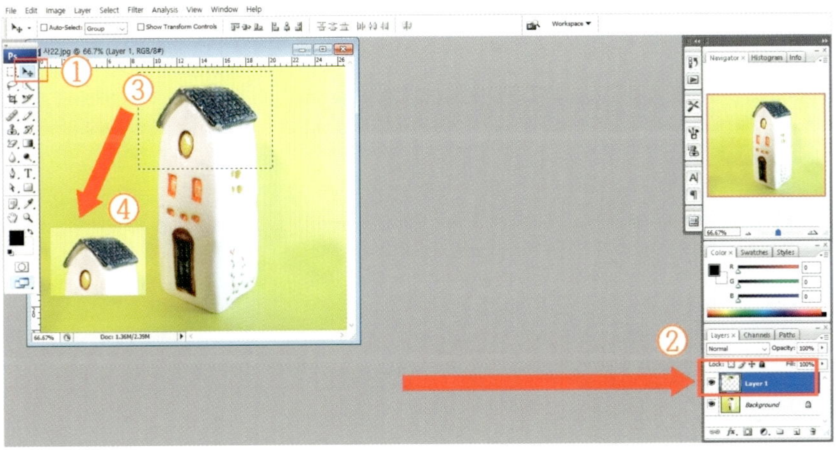

(3) 이미지 자르기로 편집 놀이하기

■ 사각형 자르기로 자르기

* 메뉴-[파일File]-[열기Open]-파일선택-[열기]를 클릭하여 이미지를 불러온다.

* ① 팔레트에서 불러온 이미지 Background의 복사본을 추가한다. 레이어 복사 : [Ctrl 컨트롤 + J] 단축키를 누른다.

* ② 도구상자-[Crop Tool 크롭툴 자르기]을 선택한다.

* ③ 이미지에서 자를 부분을 드래그한다.

* ④ 점선 부분을 더블클릭하면 자르기가 완성된다.

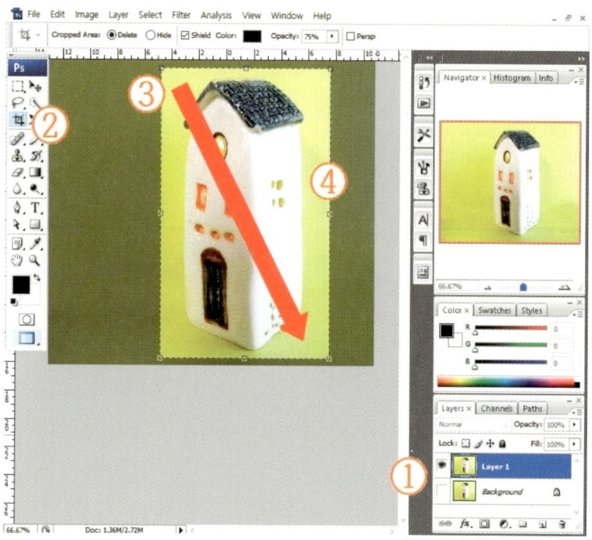

(4) 이미지 추출하기

■ 올가미 툴(Lasso Tool)로 이미지 추출하기

포토샵의 기능은 여러 가지로 이용하는 방법마다 특징이 있다. 직접 편집기능이나, 단축키들을 사용해 보고 자신만의 편리한 기능을 이용해 보자.

* 메뉴-[파일File]-[열기Open]-파일선택-[열기]를 클릭하여 이미지를 불러온다.

* [도구상자 올가미]를 선택한 후 마우스 오른쪽을 클릭하면 3가지 옵션이 있다.

- 올가미 도구 Lasso Tool
- 다각형 올가미 도구 Polygonal Lasso Tool
- 자석 올가미 도구 Magnetic Lasso Tool

* [올가미 도구] 도구에서 올가미 도구를 선택한 후
마우스 왼쪽을 클릭한 상태에서 추출할 이미지를 그린다.
시작지점으로 돌아가서 마우스를 놓으면 점선으로 바뀐다.

* [다각형 올가미 도구] 도구에서 다각형 올가미 도구를 선택한 후 추출할 이미지를 따라 마우스 왼쪽을 한 번 클릭한다.
추출할 이미지를 따라 마우스를 움직이면 점선이 나타난다.
방향을 전환하는 시점에서 마우스 왼쪽을 한 번 클릭한다.
최초 시작점으로 돌아가서 마우스 왼쪽을 클릭하면 추출할 이미지가 점선으로 나타난다.

* [자석 올가미 도구] 도구에서 자석 올가미 도구를 선택한 후 추출할 이미지의 시작점에서 마우스 왼쪽을 한 번 클릭한 후 추출할 이미지를 따라서 마우스를 이용하여 그린 후 다시 시작점으로 돌아와 마우스 왼쪽을 한 번 클릭하면 자동으로 추출할 이미지가 점선으로 나타난다.

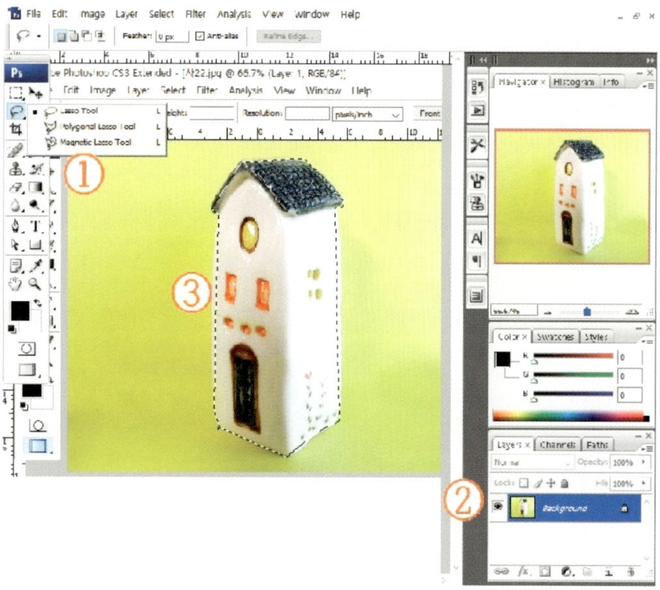

* 여러 가지 추출 이미지 복사방법

첫째, 이미지 추출을 마치면 마우스 오른쪽을 클릭한 후 레이어 복사

Layer Via Copy를 클릭하면 팔레트에 레이어가 복사되어 추가 된다.

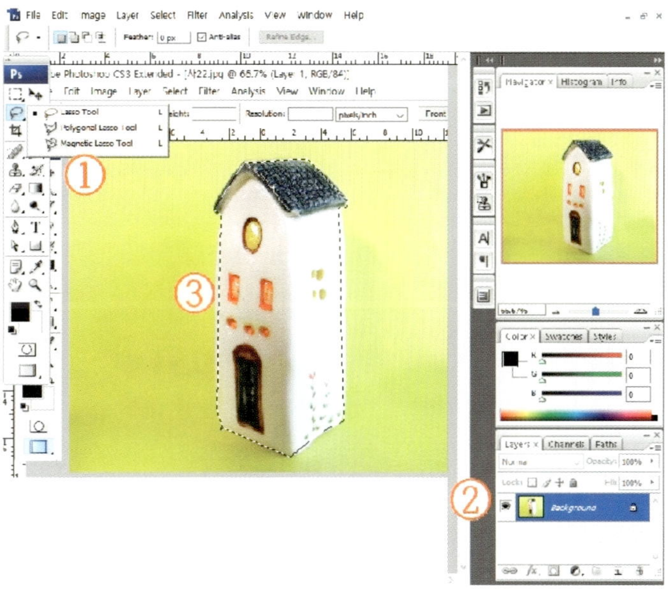

둘째, 이미지 추출을 마치면 메뉴-[레이어Layer]-[새로 만들기New]-[복사한 레이어Layer Via Copy]를 클릭하면 팔레트에 추출한 이미지 레이어가 복사된다. 배경 레이어 Background [눈] 모양을 클릭하면 보이지 않게 되고 추출한 이미지가 나타난다.

셋째, 이미지 추출을 마치면, 메뉴-[선택Select]-[반전Inverse]을 클릭하면 추출할 이미지 외의 영역이 선택된다. 배경 레이어를 클릭한 후 [삭제Delete]를 클릭한다.

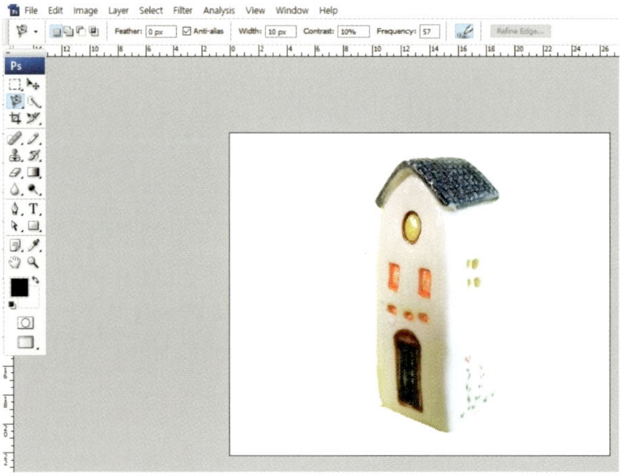

(5) 복제 도구(Clone Stamp Tool) 사용하기

■ 도장 툴은 이미지를 복제하거나 수정하는 데 매우 유용한 도구이다.

도장 툴은 2가지 옵션이 있다.

- 복제도장 도구(clone stamp tool)
- 패턴도장 도구(pattern stamp tool)

  * 복제도장 도구로 이미지 복제하기

- 이미지를 불러온다.
- 도구 - [복제도장도구 clone stamp tool]를 선택한다.

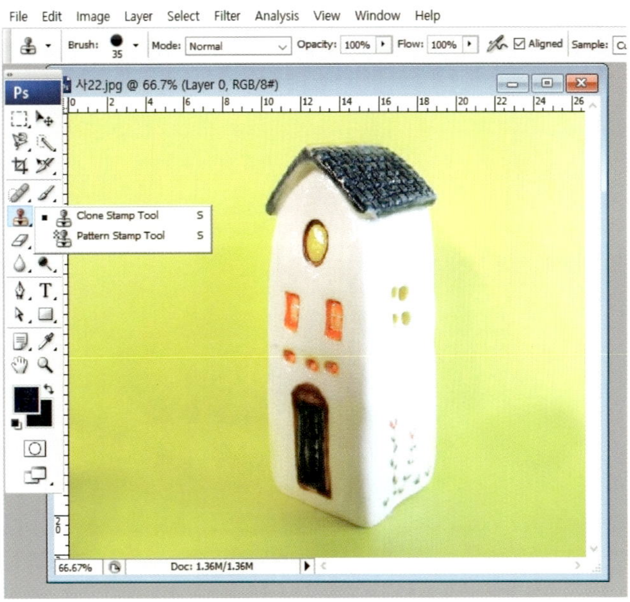

- 메뉴-복제도장의 브러시를 선택하면 옵션메뉴가 펼쳐진다.
- 복제도장의 크기, 복제도장의 모양을 선택한다.

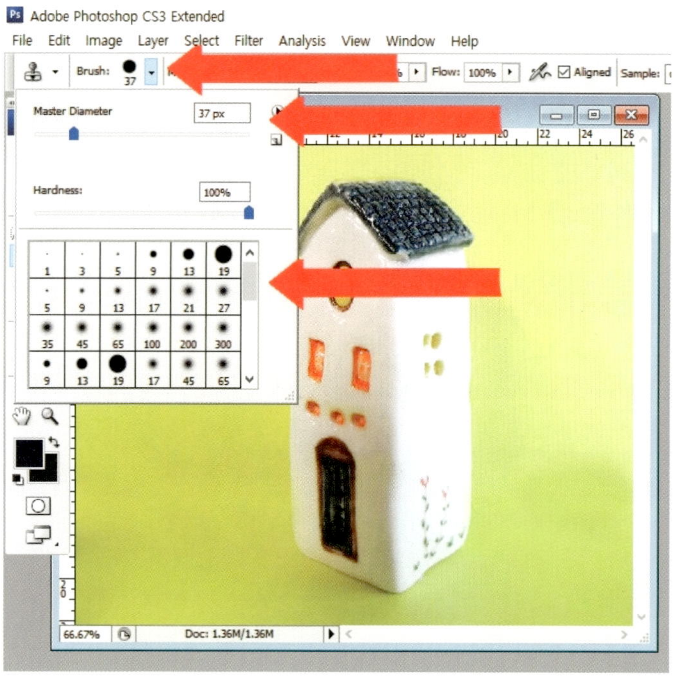

- 복제할 장소에서 [Alt]키를 누른 상태에서 마우스 왼쪽을 클릭한다. 이미지의 복제 장소에 마우스 왼쪽을 클릭하면 [Alt]로 복제한 이미지와 동일한 이미지가 복제된다.
  아래 그림에서 창문이 다른 이미지로 복제되었다.

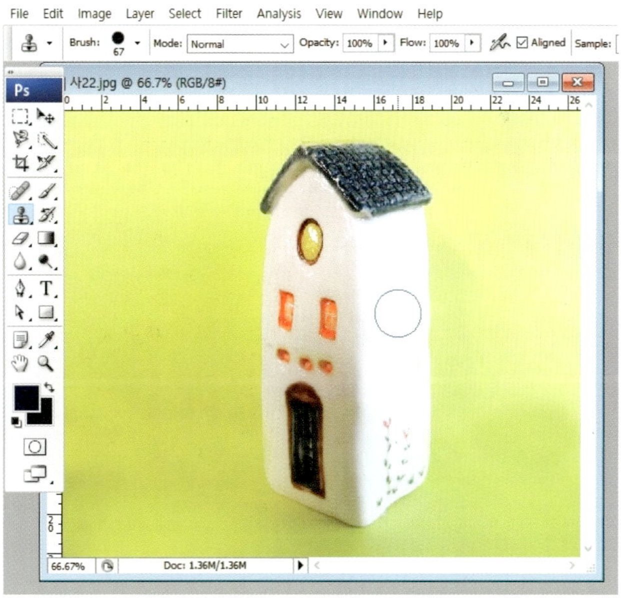

(6) 그리기 도구로 그리기 놀이하기

■ 도구 메뉴에서 브러시를 선택한다.

메뉴에서 브러시 팝업메뉴에서 크기와 모드, 불투명도 등을 선택하고 그린다. 연필 도구도 동일한 방법으로 사용해 본다.

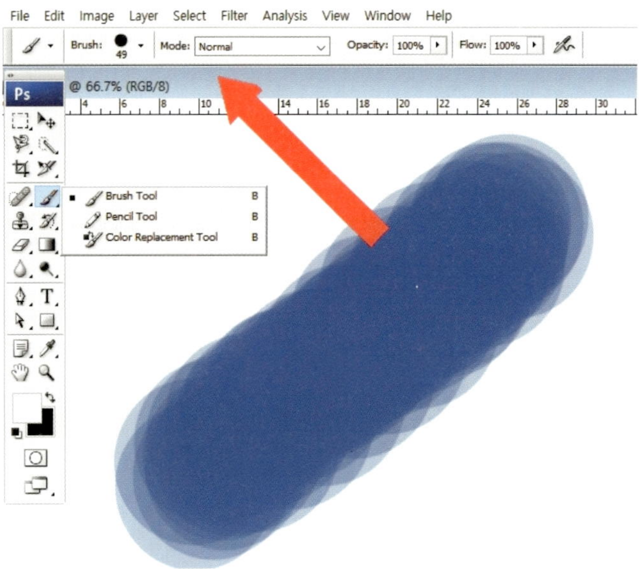

(7) 지우개로 이미지 지우기

■ 도구 메뉴의 지우개 도구에서 [지우개도구Eraser Tool]를 선택한다. 지울 이미지에서 마우스 왼쪽을 클릭한 상태에서 이미지를 지운다.

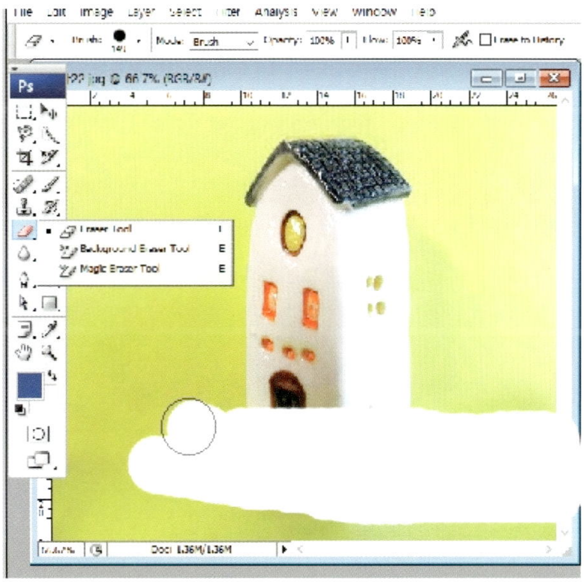

■ 도구 메뉴의 지우개 도구에서 [자동지우개도구 Magic Eraser Tool]를 선택한다. 배경을 자동으로 지울 때 사용하면 편리하다.
지울 배경에서 자동지우개도구를 선택하고 클릭하면 배경이 지워진다.

(8) 문자 도구

■ 문자 도구는 이미지에 다양한 문자를 넣을 수 있다.
옵션에서 글자방향, 글꼴, 스타일, 크기, 정렬방식 등을 사용할 수 있다.

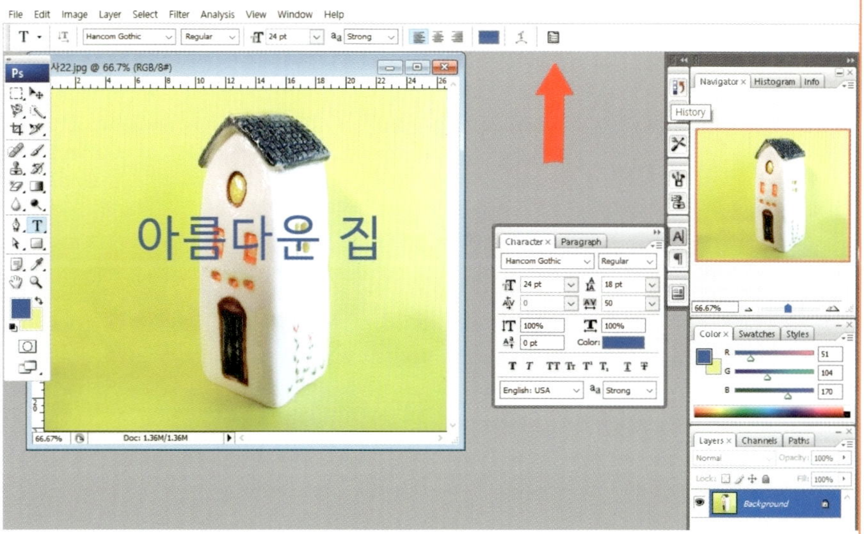

04 CHAPTER 한글 프로그램 놀이교육

1. 한타 놀이
2. 문서 작성

1 한타 놀이

한글과컴퓨터 홈페이지에 들어가면, 별도의 프로그램 설치 없이도 사용이 가능하다. 한글 타자 능력을 기본적으로 강화할 수 있는 방법이다. 시간을 내어서 기본부터 열 손가락을 다 이용하여 한글을 입력할 수 있도록 연습하여야 한다.

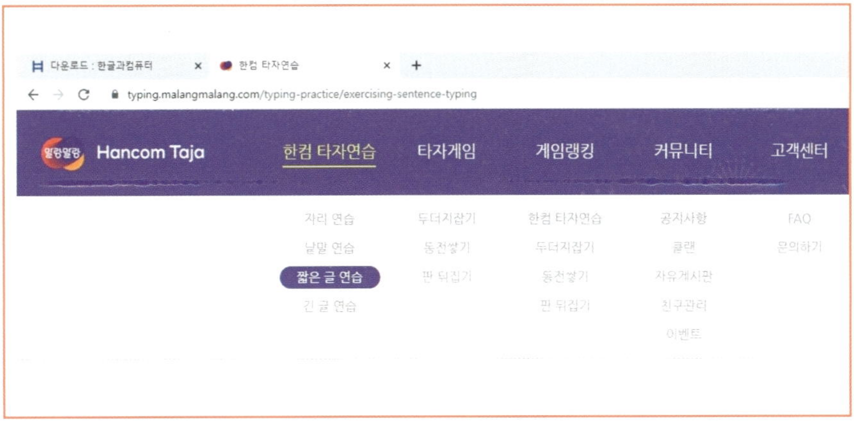

* 자리 연습, 낱말 연습, 짧은 글 연습, 긴 글 연습 등 다양한 방법으로 연습하여야 효과적이다.

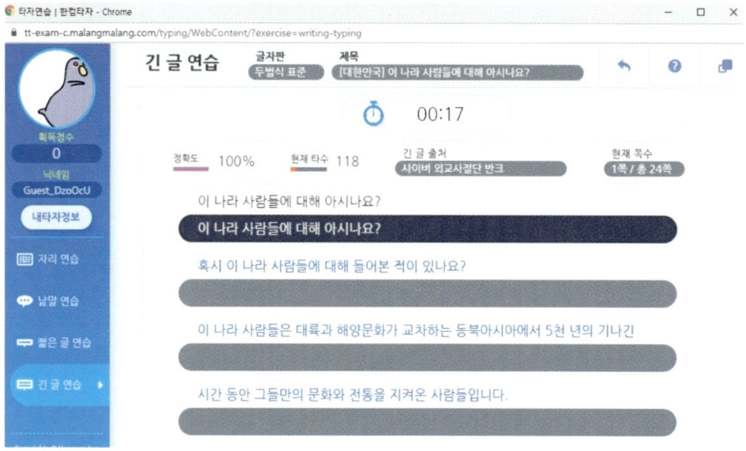

2 문서 작성

1) 문서 작성을 위한 첫 단계

* [파일]-[새문서]를 만든다.

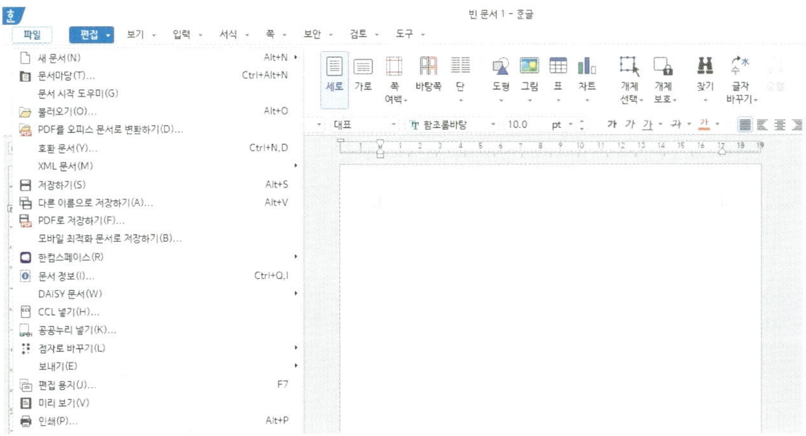

* [F7]키를 눌러 편집 용지를 설정한다.
  용지 종류, 용지 방향, 용지 여백 등을 설정한다.

* 편집 용지가 설정된 후 반드시 다른 이름으로 저장을 한 후 사용한다.

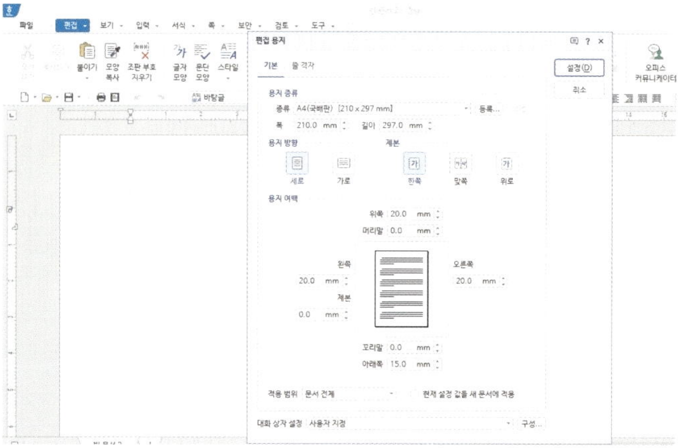

2) 표가 있는 계획안 작성하기

'나뭇잎' 프로젝트 수업계획안

행복한 아이들의 미소가 있는 곳 02) 473 -1234

잠정적 주제	나뭇잎
학습예상시기	2019년 10월 5일 월요일 ~ 2019년 11월 13일 금요일
주제선정이유	가을을 주제로 자연의 아름다움과 가을의 변화를 탐색하는 과정에서, 많은 유아들이 유치원의 나뭇잎 변화에 관심을 나타냈습니다. 나뭇잎 색이 다양하게 변하고, 나뭇잎들이 떨어지는 것에 대해 이야기를 나누다가, 다음 날 유아들이 길거리에 떨어진 예쁜 나뭇잎을 작은 손에 한가득씩 들고 와서 자랑하곤 하였습니다. 이번 프로젝트를 통해 유아들이 자연을 마음껏 느껴 볼 수 있는 시간을 가지며 산책활동을 통해 나뭇잎이 물드는 현상에 대해 탐구해 보며 자연의 변화에 대한 심미감을 기르고 주변 환경을 잘 관찰하고 소중히 여기는 마음을 기르고자 합니다.
중심개념	① 나뭇잎의 모양은 여러 가지이다. ② 나무마다 나뭇잎이 다 다르다. ③ 나뭇잎은 입맥, 엽록소, 기공, 표피 등으로 되어 있다. ④ 가을에는 나뭇잎의 색깔이 변하기도 한다. ⑤ 가을이 되어도 물들지 않는 나뭇잎이 있다. ⑥ 가을이 되면 떨어지는 나뭇잎도 있다. ⑦ 계절에 따라 나뭇잎이 변한다.
자원협조 및 전문가 초청	① 나뭇잎에 관련된 책이나 사진자료가 있으면 보내 주세요. ② 그 외 식물에 대한 다양한 자료도 보내 주세요. ③ 이번 프로젝트와 관련된 견학 장소나 유익한 정보를 알고 계시면 알려주세요. (보내주신 자원은 깨끗이 쓰고 돌려 드립니다.)
가정에서 도와주세요.	① 아이들이 가정에서 나뭇잎에 대해 이야기하면 귀 기울여 들어 주시고 긍정적으로 반응해 주세요. ② 나뭇잎에 대해 관심을 가질 수 있도록 아이들과 이야기 나누고 나들이를 통해 나뭇잎을 관찰할 수 있도록 도와주세요. ③ 아이들과 함께 다양한 나뭇잎을 찾아 함께 스크랩해 보세요. ④ 자연을 아끼고 사랑하는 마음을 가질 수 있도록 해 주세요.

- 대한민국유치원 -

■ 표 만들기

* 메뉴-[입력]-[표] 도구를 이용하여 전체 표의 행과 열을 만든다.

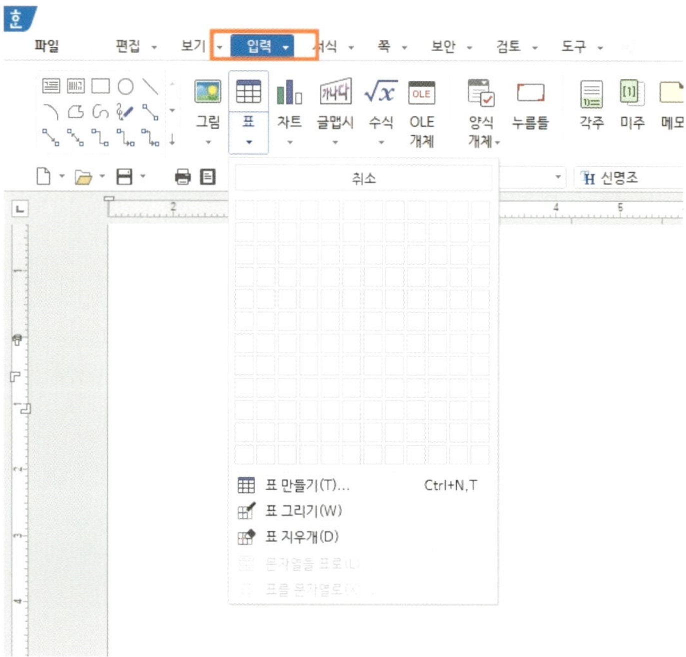

* [셀] - [F5] 단축키를 클릭하면 셀이 지정되고 마우스 오른쪽을 클릭 한 후 [셀 테두리 배경]을 선택한다.

  - [테두리] 테두리의 종류, 굵기, 색, 테두리의 적용 범위를 설정한다.

* [셀] - [F5] 단축키를 클릭하면 셀이 지정되고 마우스 오른쪽을 클릭 한 후 [셀 테두리 배경]을 선택한다.

- [배경] 셀의 배경을 채우기한다.
  색-면 색, 무늬 색, 무늬 모양
  그러데이션-시작 색, 끝 색, 유형 등을 설정한다.

* [셀] - [F5] 단축키를 클릭하면 셀이 지정되고 마우스 오른쪽을 클릭 한 후 [셀 테두리 배경]을 선택한다.
  - [대각선] 셀의 대각선을 그려 보자.
    대각선-종류, 굵기, 색, 대각선의 모양 등을 설정한다.

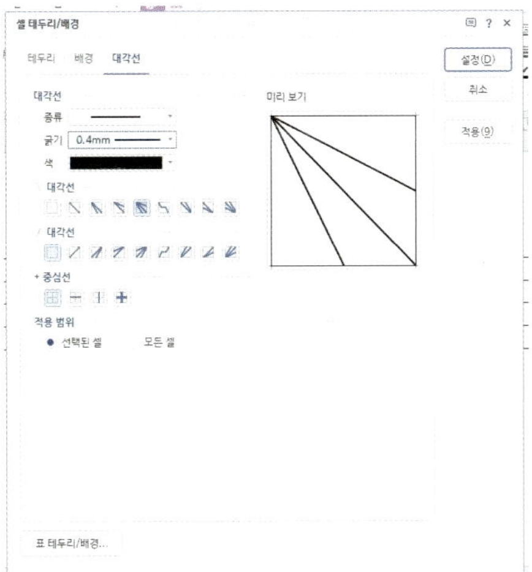

■ 문자표 사용하기

[Ctrl] - [F10]을 선택한다.

- 사용자 문자표, 유니코드 문자표, 한글 문자표 등이 있다.
- 기호, 선문자, 원문자, 괄호문자, 화살표 등 다양한 문자를 사용해 보자.

■ 글맵시 사용하기

- 글자의 맵시를 변경해 보자.
- [입력]-[▼] 다양한 모양의 글맵시를 적용해 보자.

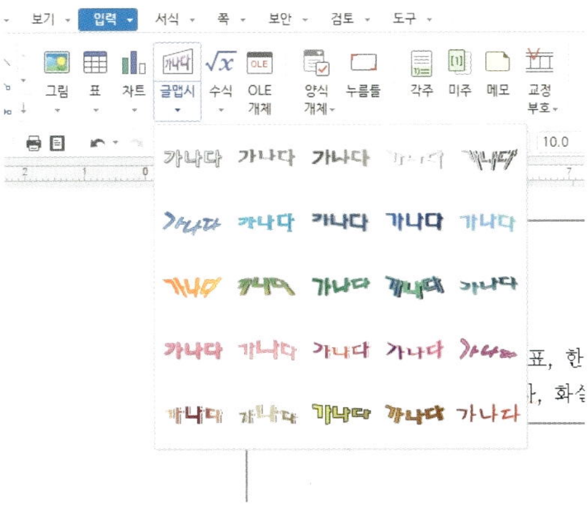

3) 그림, 도형 그리기

■ 주제망 작성하기

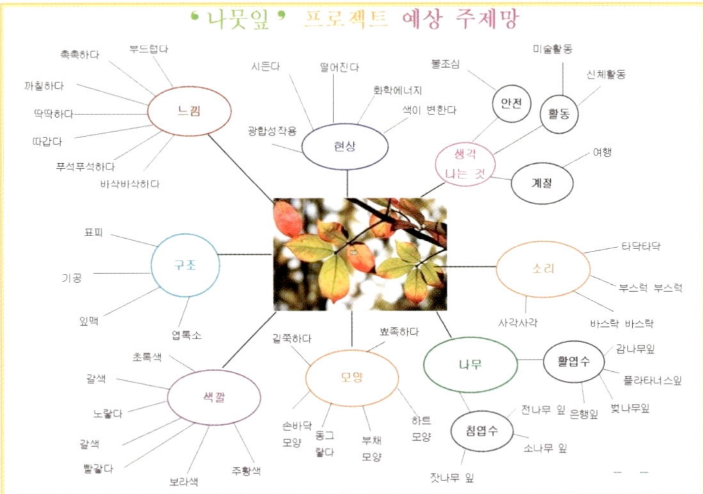

■ 그림 넣기

[입력] - [그림]을 선택한 후 파일에서 그림을 선택하여 열기한다.

그림에서 마우스 오른쪽을 클릭한 후 개체 속성을 선택한다.

[개체 속성]

그림의 기본 위치를 글자처럼 취급하면 글자처럼 공간을 차지한다.

본문과의 배치- 어울림, 자리차지, 글 앞으로, 글 뒤로를 선택할 수 있다.

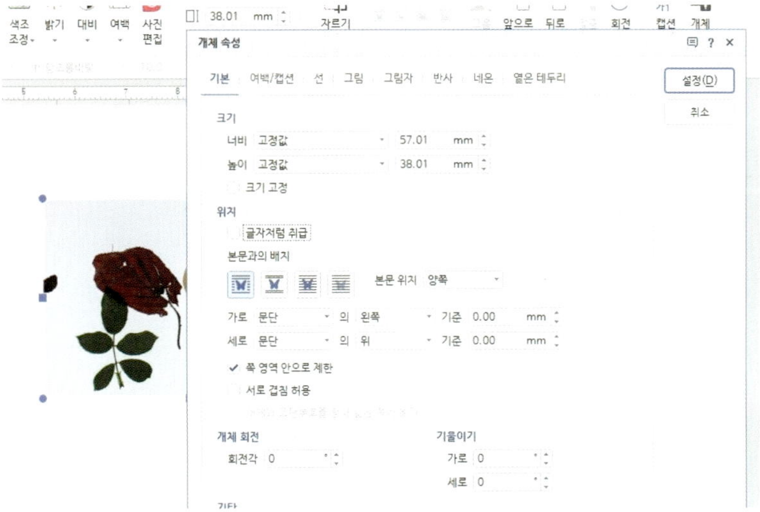

[개체 속성]

[그림] 옵션에서 문서에 포함을 선택하면 그림에 문서가 포함된다.

[그림 자르기]로 삽입된 그림을 자르기 할 수 있다.

[그림 효과] 밝기, 대비 등의 효과를 설정할 수 있다.

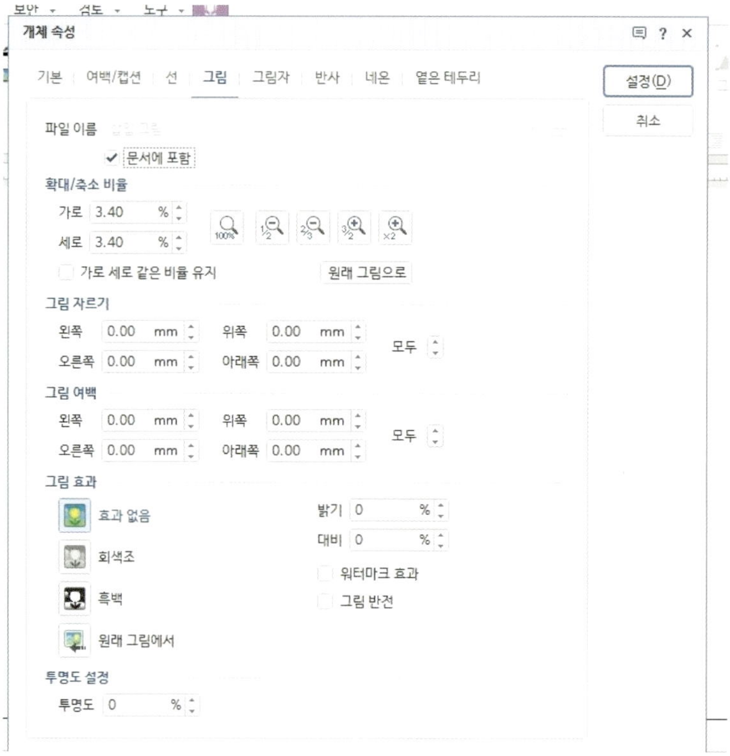

[개체 속성]

[그림자] 옵션에서 다양한 그림자 효과를 설정할 수 있다.

■ 도형 그리기

[입력] - [도형] - [그리기 개체]에서 도형을 선택할 수 있다.

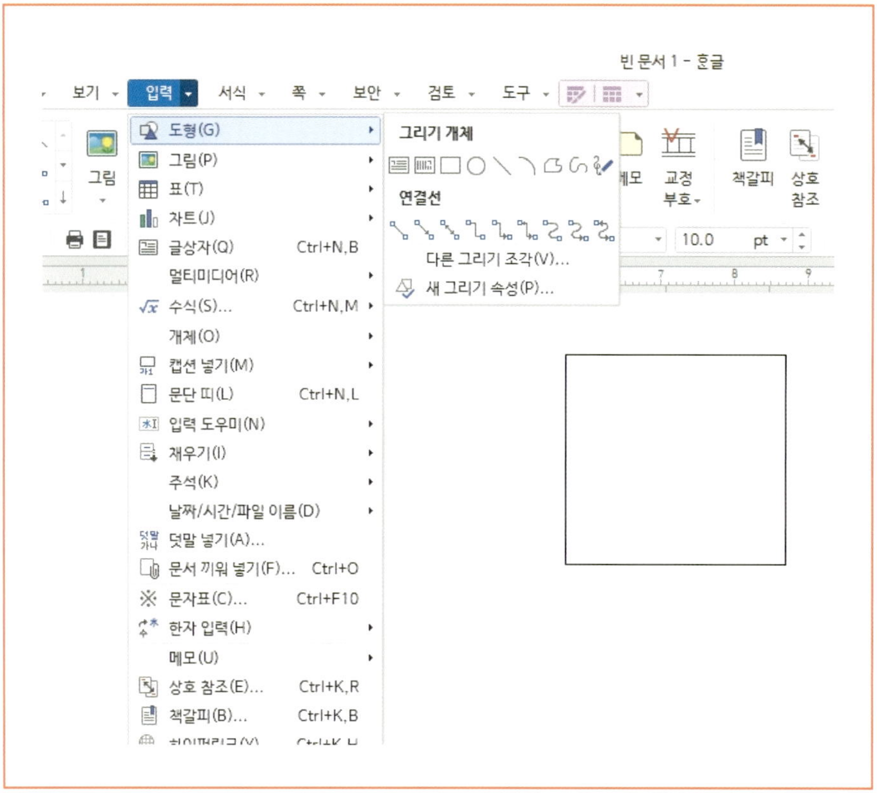

[원도형] 마우스 오른쪽 클릭 [개체 속성]을 선택한다.
기본, 여백, 선, 채우기, 그림자 효과를 설정할 수 있다.

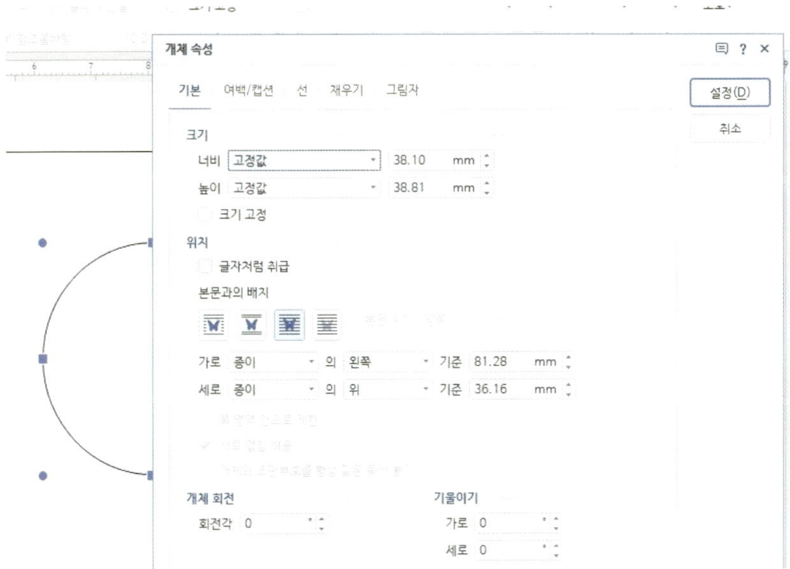

4) 복잡한 표, 그림, 도형 작성하기

■ 다음의 예제를 바탕으로 다양하고 복잡한 한글 문서를 작성해 보자.

♣ 나뭇잎 ♣ 학습 내용 / 활동 조직

이야기 나누기

- 이전 경험 나누기
- 나뭇잎이 물들었어요
- 나뭇잎은 왜 떨어질까요? ?
- 색깔이 변해요
- 낙엽과 바람
- 같은 모양 낙엽, 같은 글자
- 나뭇잎을 보면
- 산책 가기 전 어떤 준비물이 필요할까?
- 광합성 작용
- 화학에너지와 녹말
- 활엽수와 침엽수

조형 활동

- 인디언 모자 만들기
- 나뭇잎 목걸이 만들기
- 실로 자유롭게 구성하기(가을 바람 소리, 낙엽이 떨어지는 것을 보고)
- 단풍나무 꾸미기(공동작품)
- 나뭇잎 발 만들기
- 단풍나무 만들기
- 종이컵 코스모스
- 나뭇잎 접어 꾸미기
- 나뭇잎 북아트
- 나뭇잎으로 구성하기
- 나뭇잎 리스

동 시 · 동 화

- 나무의 일생
- 나뭇잎의 여행
- 새 옷을 갈아입는 나무
- 바사삭 바사삭
- 나뭇잎을 타고
- 단풍잎의 가을밤
- 가을 동시 짓기
- 나뭇잎이 떨어져
- 가을 나뭇잎이 변하고 있어요.
- 지렁이 이야기

기본 생활 습관

- 교통안전
- 교통규칙을 알고 지키기
- 신호등을 기다리는 법
- 찻길에서 놀이하지 않기
- 버스, 앞쉬에서 놀지 않기
- 차 안에서 돌아다니지 않기
- 안전벨트 하기

음률 활동

✪ 새 노래
- 몰래 들어와서는
- 가을 길
- 가을바람
- 나뭇잎
- 가을
- 노을

✪ 음악 감상
- 비발디의 사계 (가을)
- 슈만의 숲의 정경

개인 신체 활동

✪ 신체 표현
- 낙엽과 바람
- 내가 낙엽이라면
- 단풍잎의 가을밤

✪게임
- 낙엽을 밟으며
- 나뭇잎 뒤집기
- 낙엽의 여행
- 나뭇잎 옮기기
- 멀리 날아갈 수 있어요

언어활동

- 생각 모으기 및 주제망 짜기
- 질문목록 작성하기 및 토의
- 나뭇잎에게 편지 쓰기
- 나뭇잎 책 만들기
- 나뭇잎 동시 짓기
- 낙엽길에서 소리가 나요
- 나뭇잎의 여러 가지 모양
- 나뭇잎 노래 개사하기
- 내가 나뭇잎이라면
- 내가 제일 좋아하는 나뭇잎
- 단풍잎과 나뭇잎의 차이점
- 가을의 변화, 나뭇잎의 변화
- 가을로 문장 만들기

수 · 조작 · 과학 활동

- 나뭇잎 길이 측정하기
- 나뭇잎 크기 비교하기
- 같은 나뭇잎끼리 분류하기
- 낙엽 태우기
- 단풍잎 도미노
- 나뭇잎 패턴놀이
- 낙엽 프로타쥬
- 나무의 사계절

미술 활동

- 나뭇잎 초기 그림 그리기
- 잎맥 그리기
- 나뭇잎 베끼기
- 나뭇잎 가면
- 나뭇잎 스케치
- 나뭇잎 물감 찍기
- 가을 나뭇잎의 색 찾기 (책의 혼합실험)
- 나뭇잎 염색
- 나뭇잎 후기 그림 그리기
- 나뭇잎 세밀화

✪명화 감상
- 오르세의 명화
- 아름다운 풍경

'나 뭇 잎' 프로젝트 동시 · 동요

바사삭 바사삭

바사삭 바사삭
"누가 오나 보지요?"
"아뇨, 낙엽 사이로
가을바람이 지나갔어요."

바사삭 바사삭
"누가 오나 보지요?"
"아뇨, 낙엽 사이로
다람쥐가 지나갔어요."

가을 나무야

추운 겨울이 올 텐데
단풍나무야,
빨간 옷 그대로 입고 있으렴.

은행나무는
노란 모습이 멋지구나.
벗지 말고 그대로
입고 있으렴.

유 치 원

5) 프로젝트 스토리북 작성하기

■ 다음의 예제를 바탕으로 다양하고 복잡한 한글 문서를 작성해 보자.

'나뭇잎' (생각 모으기)

나뭇잎 하면 어떤 것이 떠오르는지 생각해 보았어요. (그림, 글, 실물)

______반　　　이름__________

나뭇잎과 ________의 같은 점과 다른 점을 찾아 적어 보았어요.

비교 도표(벤 다이어그램) 나뭇잎과 __________

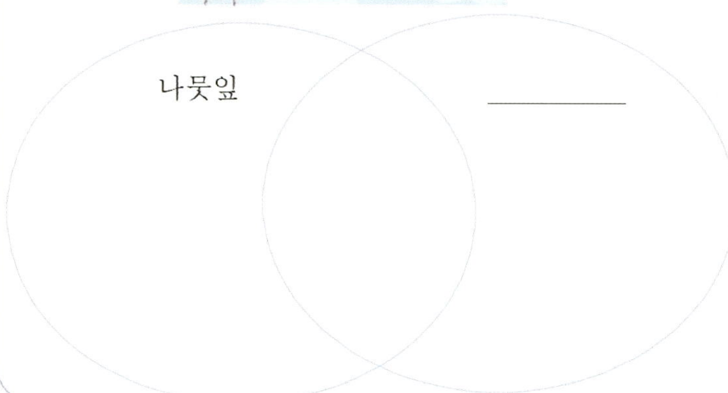

나뭇잎에 대해 알고 싶어요
– 질문지 –

♡ 나뭇잎에 대해 궁금한 것이 있어요.

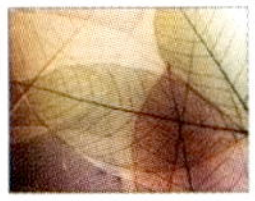

나뭇잎에 대해 여러 가지 궁금한 점들을 친구들과 이야기 나누어 보고 예측해 보았어요. 가정에서도 부모님과 함께 조사해 보세요.
(아이들과 인터넷이나 여러 가지 자료를 통해 조사해 보시고 그림 자료를 붙여 주시거나 글로 적으셔서 꼭!! 보내주세요.)

________ 반 이름 ________

♬노래 개사하기♪

내가 알게 된 나뭇잎에 대한 가사를 만들어 멋진 노래를 완성해 보세요.
재미있는 율동도 만들어 친구들과 함께 불러 보세요.

작사 ____________________

나뭇잎 초기 그림
✎날짜 월 일 요일
반 이름 :

'나뭇잎' 궁금해요!!

나뭇잎에 대해 여러 가지 궁금한 점을 친구들과 이야기 나누어 보고 궁금한 점을 적어 보았어요. 가정에서 부모님과 함께 조사해 보세요.

(아이들과 함께 인터넷이나 여러 가지 자료를 통해 조사해 보시고 그림 자료를 붙여 주시거나 글로 적으셔서 (   )요일까지 꼭!! 보내주세요.)

궁금해요!!
조사해 보았어요
반 이름:

" 나뭇잎 "을 알고 있나요? - 이전 경험 나누기 -

- "나뭇잎"에 대한 이전 경험에 대해 이야기 나누어 보고 글과 그림으로 표현해 보세요.

그림으로 표현하기	
글로 표현하기	
____________반 이름____________	

나뭇잎 푸드 스케치

맛있는 재료로 나뭇잎을 표현해 보았어요.

♡주제 :

♡재료 :

나뭇잎의 모양은!!

♡ 나뭇잎의 모양, 색깔, 향기, 느낌을 관찰해 보고 그림으로 표현해 보세요.

<나뭇잎의 모양은?>	<나뭇잎의 색깔은?>
<나뭇잎 향기는?>	<만져 본 느낌은?>

' 나뭇잎을 만져 보면... '

나뭇잎을 만져 보고 피부에 닿는 느낌을 표현해 보세요.

그림으로 표현해 보세요	
느낌을 적어 보세요	

반 이름 :

♡ 나뭇잎에게 해 주고 싶은 것 ♡

나뭇잎은 우리 주변에서 자세히 관찰해 보면 쉽게 찾아볼 수 있습니다.
그런 나뭇잎에게 해 주고 싶은 것이 있나요? 여러 생각들을 그림이나 글로 표현해 보세요.

반 이름 :

나뭇잎에 대해 알고 싶어요
– 전문가에게 물어보기 –

♡ 나뭇잎에 대해 궁금한 것이 있어요. (견학에서 조사할 내용입니다.)

♧생태공원에 다녀왔어요♧

살랑살랑 솔바람이 손짓하는 생태공원으로 산책을 다녀왔어요.

무슨 나뭇잎들을 보았나요? 즐거웠던일들을 글과 그림으로 표현해 보세요.

§ 이름에 맞는 나뭇잎을 아래에서 찾아 오려 붙여 주세요. §

단풍잎	솔잎	은행잎	감나무잎	담쟁이덩굴잎
느티나무잎	국화잎			

'나뭇잎' 후기 그림 그리기

그동안 관찰했던 나뭇잎의 모습을 조금 더 자세하게 표현해 보세요.

내가 본 나뭇잎 표현하기

반	이름 :

견학 사후 활동 (생태공원을 다녀와서...)

나뭇잎을 견학하기 위해 생태공원을 다녀온 뒤 새롭게 알게 된 사실이나
가장 기억에 남는 것들을 글과 그림으로 표현해 보세요

그림으로 표현해 보세요	
글로 적어보세요	무엇을 보았나요?

✽ 나뭇잎을 내 마음대로 색칠하고 꾸며보기 ✽

____________ 반 이름____________

감잎 차를 마셨어요

차를 마신 후 향과 맛의 느낌이 어떤지 이야기 나누기

감잎의 모양을 그림으로 그려 보아요.

- 내가 마신 차의 이름은? ____________
- 어떤 향기가 나죠? ____________
- 어떤 맛인가요? ____________
- 기분은 어떤가요? ____________

' 내가 나뭇잎처럼 예쁜 나뭇잎이 된다면? '

나뭇잎처럼 예쁜 나뭇잎으로 내 모습을 상상해 보고 어떤 모습이 될지 표현해 보기

그림으로 표현해 보세요	
생각을 적어 보세요	

반 이름 :

나뭇잎 변신

나뭇잎의 색깔이 변해 가면서 나뭇잎의 모습을 관찰해 보고 나뭇잎의 원래 모습과 변화된 모습(전 모습과 후의 모습)이 어떻게 달라졌는지 표현해 보세요.

⇒

글로 표현해 보세요.

반 이름 :

05 CHAPTER 엑셀 프로그램 놀이교육

1 Bank 놀이

1) 엑셀

* 엑셀 Excel은 마이크로소프트사에서 개발한 스프레드시트 프로그램입니다.
* 스프레드시트 : 여러 가지 도표 형태의 양식으로 계산하는 사무업무를 자동으로 할 수 있는 표 계산 프로그램이다.

2) 은행 놀이 : 용돈 기입장 만들기

■ 시트 이름 정하기

* 엑셀 프로그램을 열기, [파일]-[새로 만들기]를 선택하여 새 서식을 연다.
* 서식 아래쪽에 [sheet1] 위에 마우스를 올리고 마우스 오른쪽을 클릭한 후 [이름 바꾸기]를 선택한 후 이름을 바꾼다.

* [파일]-[다른 이름으로 저장]에서 파일의 이름을 저장한다.

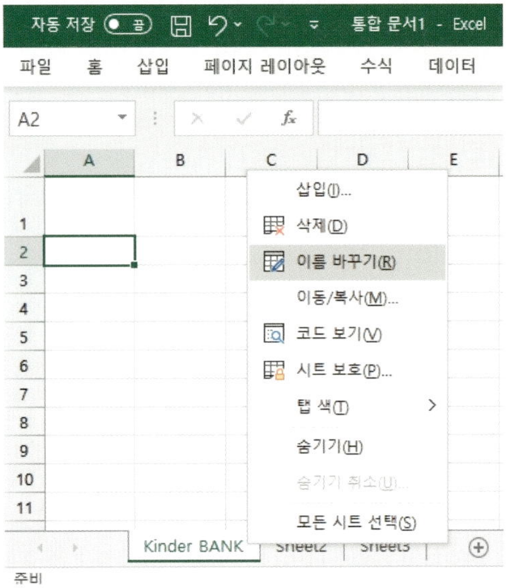

■ 한글, 수 입력하기

3월 용돈 기입장

번호	날짜	내역	수입	지출	잔액	비고
1	3월 1일	용돈	50,000	0	50,000	
2	3월 3일	크레파스	0	2,500		
3	3월 8일	햄버거	0	5,500		
4	3월 15일	친구생일선물	0	15,000		
5	3월 22일	노트	0	2,600		
6	3월 30일	음료수	0	1,500		
계			50,000	27,100		

* 위에 있는 용돈 기입장을 엑셀로 편리하게 계산되도록 만들어 본다.
* 셀을 마우스로 클릭한 후 한글, 수를 입력해 본다.
* 한글을 입력한 후 [번호] 셀을 클릭한 후 끝 셀 부분까지 드래그한다.
* 같은 형식으로 변경할 셀이 선택된다.
* [메뉴]-[홈]에서 [글꼴] [글자 크기] [글자 색깔] [맞춤] 등을 선택하면 같은 형식으로 변경된다.

■ 셀 합치기

* 제일 앞쪽 셀을 클릭한 후 마우스로 드래그하면 셀이 선택된다.

* [메뉴]-[홈]에서 [전체 병합]을 선택하면 셀이 병합한다.

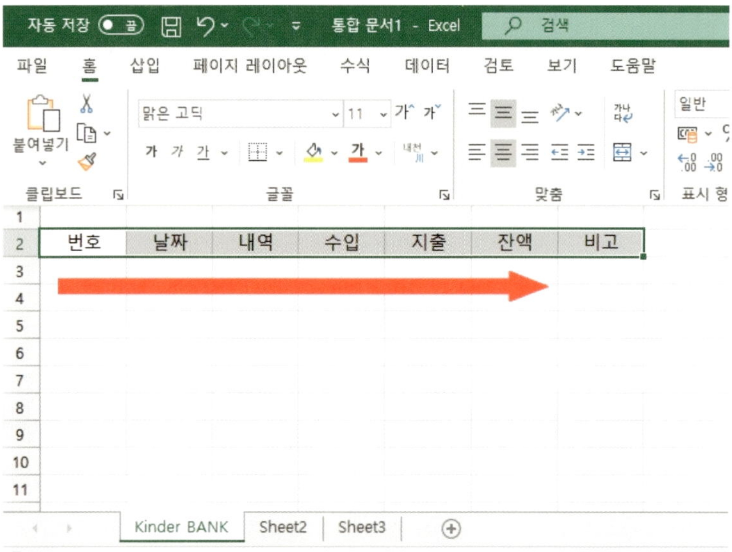

* 셀을 병합한 후 글자를 넣는다.
* [메뉴]-[홈]을 선택한 후 글자의 글꼴, 크기를 변경하고 색 채우기를 한다.

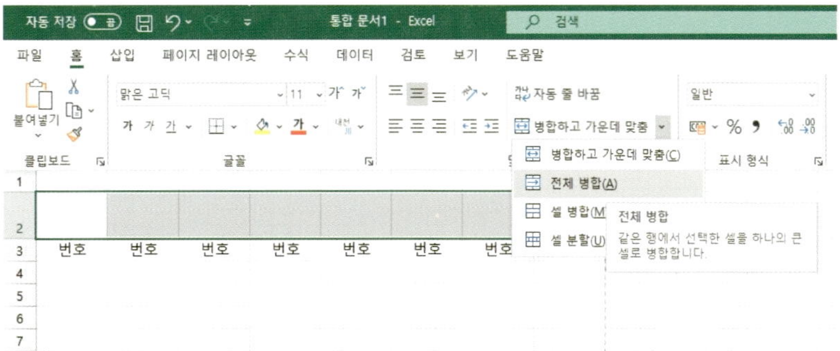

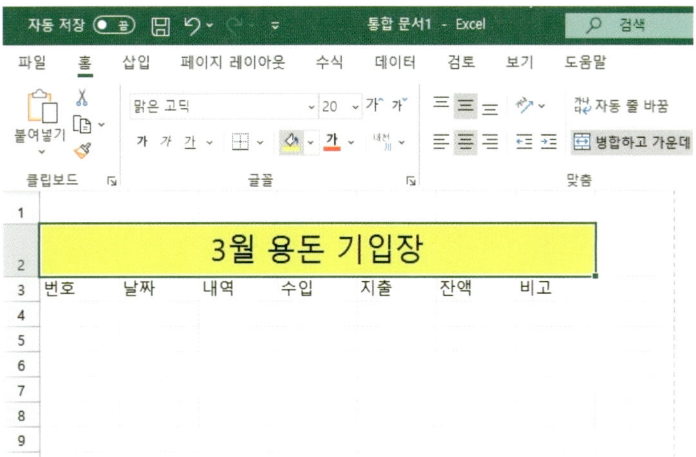

■ 셀 서식 변경하기

* 셀 첫 부분을 클릭한 후 아래쪽까지 드래그하면 작성한 셀 전체가 선택된다.

* 마우스 오른쪽을 클릭하고 [셀 서식]을 클릭한다.

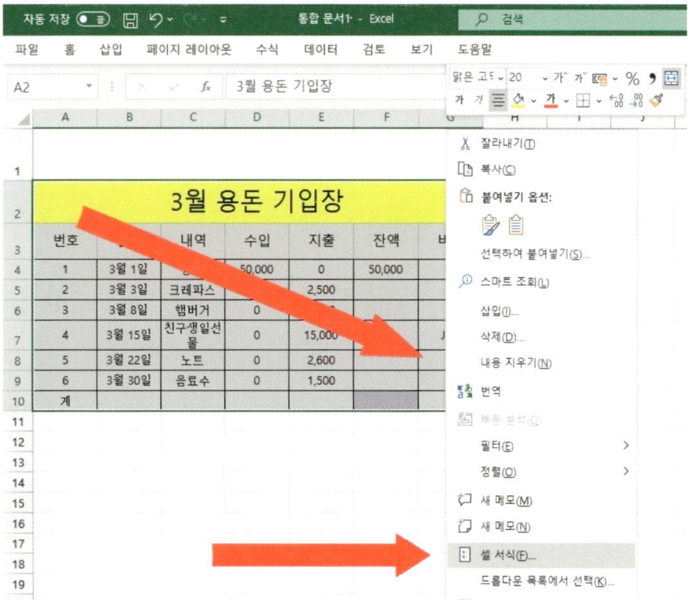

* [셀 서식]에서 표시 형식, 맞춤, 글꼴, 테두리, 채우기 등을 선택하고 수정한다.

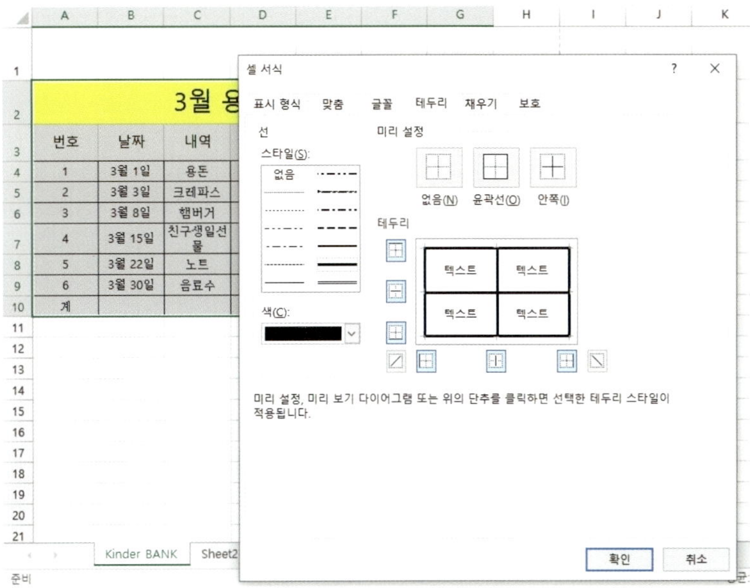

* [행 높이] 변경하기

  행과 행 사이에 마우스를 올리고 클릭한 상태에서 움직이면 행의 높이가 변경된다.

* [열 너비] 변경하기

  열과 열 사이 A, B 사이에 마우스를 클릭한 상태에서 움직이면 변경된다.

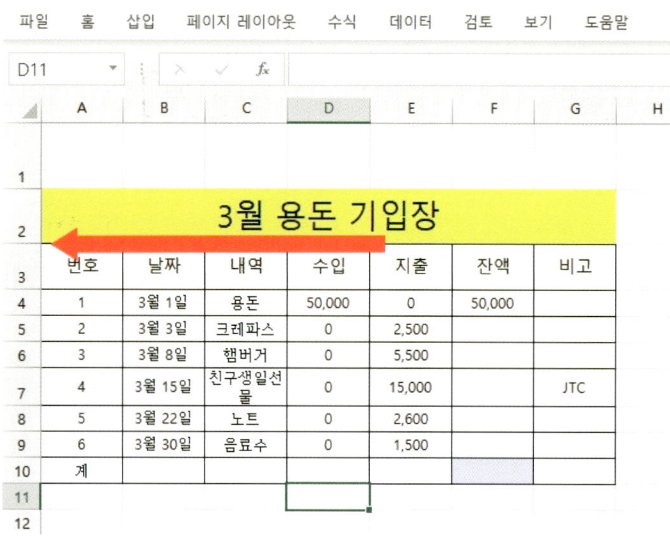

3월 용돈 기입장						
번호	날짜	내역	수입	지출	잔액	비고
1	3월 1일	용돈	50,000	0	50,000	
2	3월 3일	크레파스	0	2,500		
3	3월 8일	햄버거	0	5,500		
4	3월 15일	친구생일선물	0	15,000		JTC
5	3월 22일	노트	0	2,600		
6	3월 30일	음료수	0	1,500		
계						

* [행 높이] 일괄 변경하기

제일 왼쪽에서 행을 드래그한 후 마우스 오른쪽을 클릭한 후 [행 높이]를 선택한 후 숫자를 입력하면 행 높이가 일괄 변경된다. 열 너비도 같은 방식으로 변경한다.

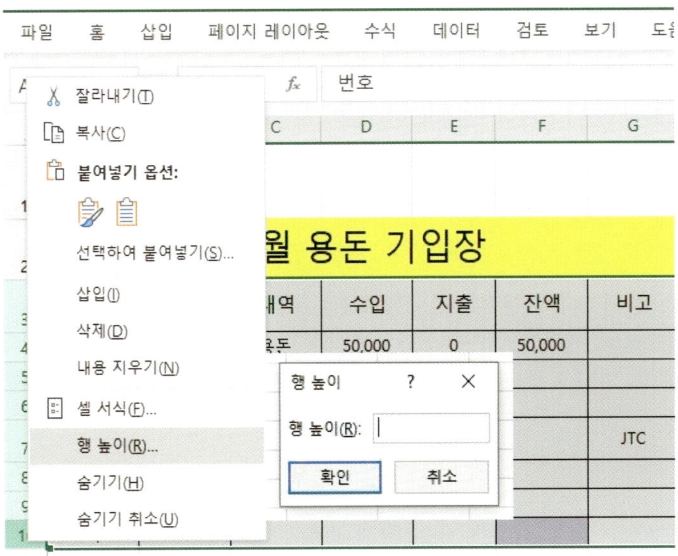

■ 계산하기

* 사칙연산

- 덧셈 : [=D4+E4]를 직접 기입하거나, 마우스로 셀을 선택한 후 [Enter] 한다.
- 뺄셈 : [=D4-E4]를 직접 기입하거나, 마우스로 셀을 선택한 후 [Enter]한다.
- 곱셈 : [=D4*E4]를 직접 기입하거나, 마우스로 셀을 선택한 후 [Enter]한다.
- 나눗셈 : [=D4/E4]를 직접 기입하거나, 마우스로 셀을 선택한 후 [Enter]한다.

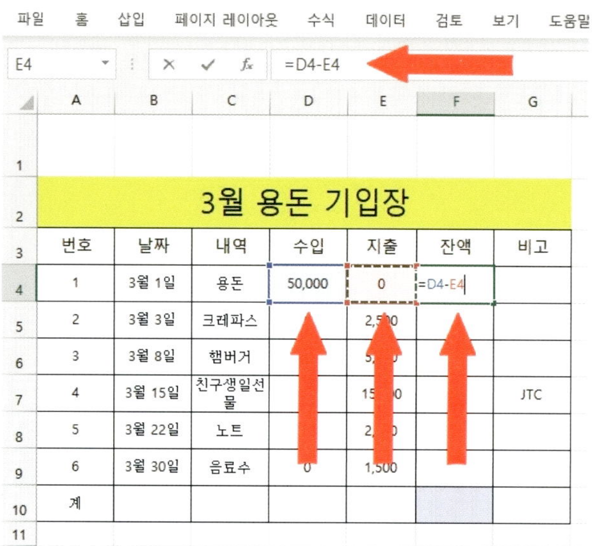

* 자동 합계

자동 합계할 영역을 ①드래그한 후 자동 합계②를 클릭하면 자동 합계된다.

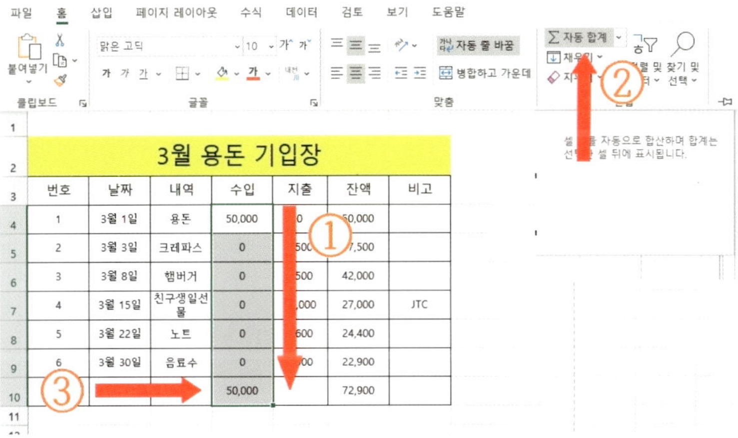

2 내 친구 비상연락처 만들기

1) 시트의 이름 바꾸기

* sheet2의 이름을 변경한다.

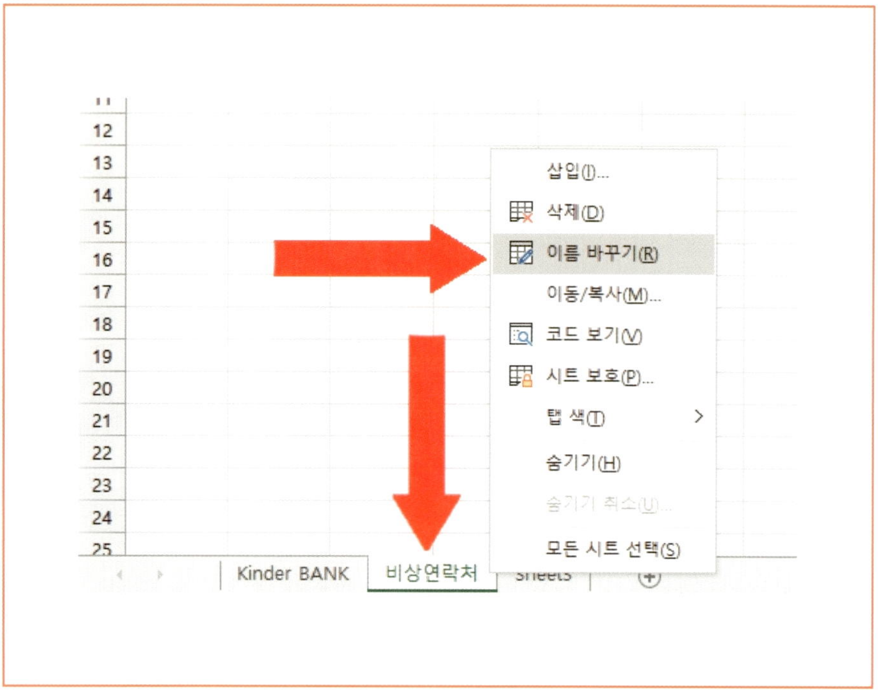

2) 그림 넣기

* [메뉴]-[삽입]-[그림] 그림 파일을 선택하여 불러온다.

06 CHAPTER 동영상 편집 및 캡처 놀이교육

1 동영상 편집 놀이

동영상을 쉽게 편리하게 편집해 주는 프로그램에는 현재 여러 프로그램이 있다. 이번 장에서는 곰믹스 프로그램을 대상으로 동영상 편집 놀이를 해 보고자 한다.

1) 곰믹스 동영상 편집 놀이

곰믹스(GOM Mix)는 곰앤컴퍼니에서 만든 동영상 편집기로 버전은 일반 버전(무료)과 프로 버전(유료)이 있다. 텍스트와 이미지를 넣을 수 있으며, 동영상 편집을 처음 접하는 경우 매우 쉽게 이용할 수 있어 많이 이용되는 프로그램이다.

곰믹스는 텍스트 효과, 사진 보정 필터, 화면 전환 효과와 이미지/폰트 등 다양한 소스를 제공하여, 유튜브 동영상, 온라인강의 동영상, 성장 동영상 등 동영상을 직접 만드는 경우 매우 유용한 프로그램이다. 특히, 영상편집 → 인코딩 → SNS 공유까지 동영상 만들기 시간을 효율적으로 단축해 주고 있으며, 색상 필터를 활용한 사진편집, 사진보정으로 생동감 넘치는 동영상편집이 가능하다. 또한, 동영상 밝기 조절, 색감 조정 등 원하는 대로 편집이 가능하고, 음원, 폰트, 이미지 등 기본 제공 소스만으로 쉽고 빠른 편집이 가능한 영상편집프로그램이다. 동영상 편집에서는 동영상 자르기, 동영상 합치기, 동영상 자막넣기, 동영상 자막합치기, 동영상 회전도 쉽게 편집이 가능하고, 여러 가지 미디어 소스 관리도 용이하게 되어 있다.

① 곰믹스(GOM Mix) 다운로드 및 설치

- 곰앤컴퍼니 홈페이지(https://www.gomlab.com)에 접속한 후 다운로드를 클릭한다.

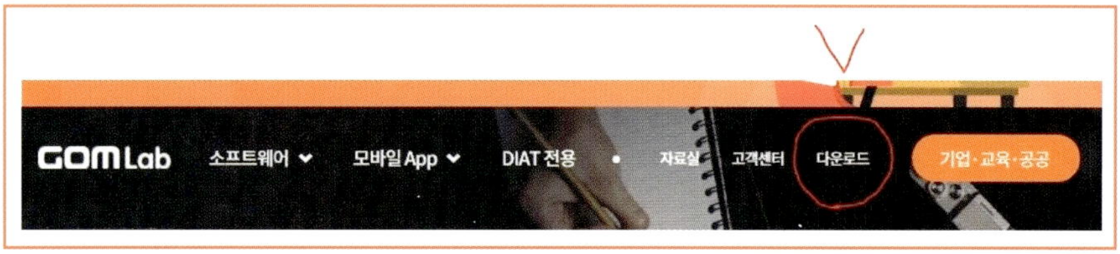

- 곰믹스에서 다운로드를 클릭한 후 실행하여 설치순서에 따라 설치한다.

② 편집할 영상 불러오기

■ 곰믹스를 설치하면 바탕화면에 곰믹스 아이콘이 설치된다. 곰믹스 아이콘을 클릭하여 곰믹스를 실행한다.

■ 동영상 불러오기 : 첫째, 편집할 영상파일을 클릭한 후 우측 '소스' 박스에 드래그하면 영상 파일이 추가된다.

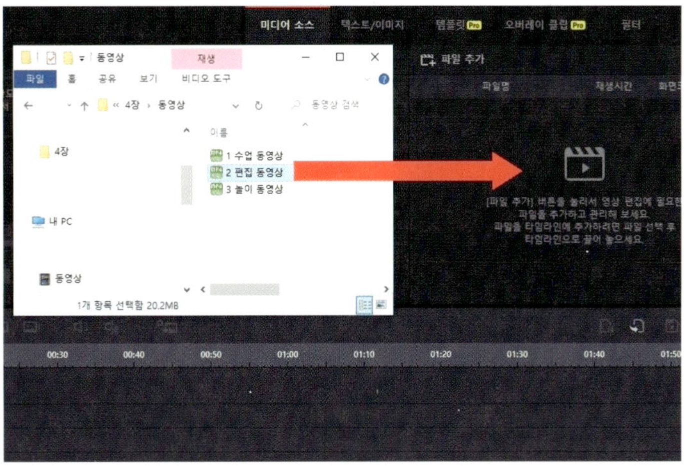

■ 동영상 불러오기 : 둘째, 파일 추가를 클릭한 후 추가할 동영상 파일을 클릭한 후 열기를 클릭하면 파일이 추가된다.

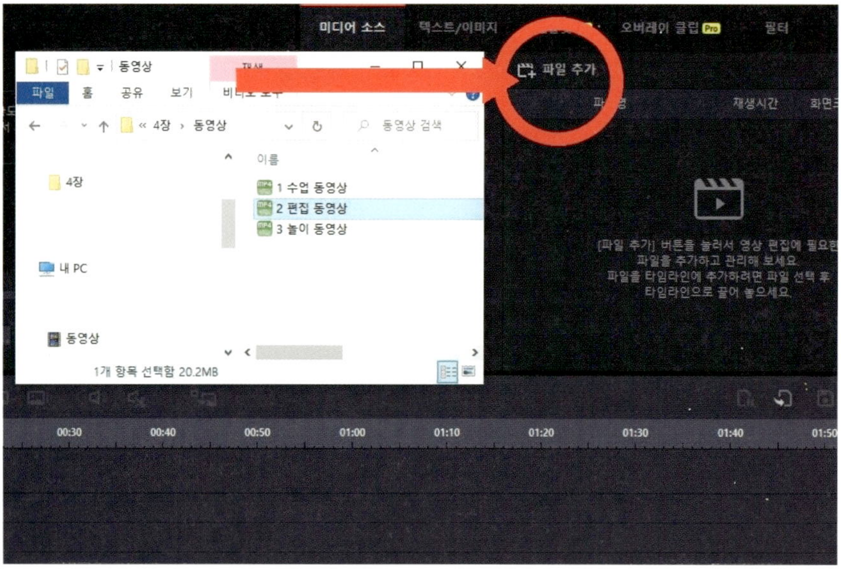

③ 미디어소스 추가하기

■ 미디어소스 추가 : 추가한 동영상을 선택한 후 미디어소스 타임라인으로 드래그한다.

■ 미디어소스 추가 : 추가한 동영상을 선택한 후 미디어소스 타임라인으로 드래그한다.

④ 텍스트 편집하기

■ 텍스트(자막) 추가 : 텍스트/이미지①를 선택한 후, 재생과 정지②를 이용하여 자막을 넣을 곳에서 정지한다. 넣을 곳에서 정지한 후 텍스트 추가를 클릭한다.

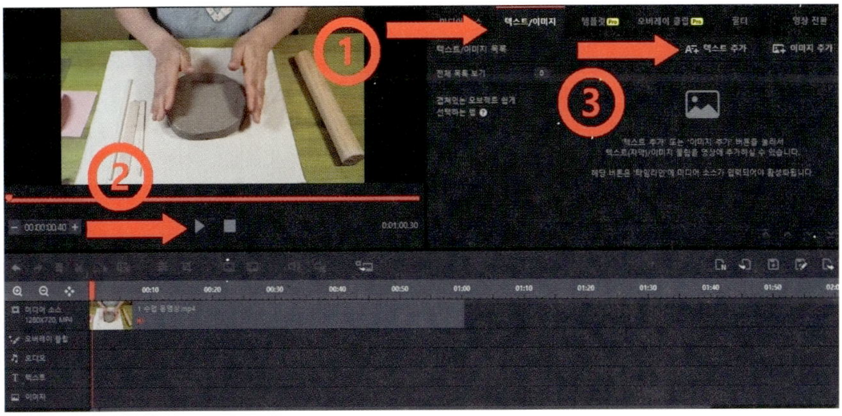

■ 텍스트(자막) 넣기 : 재생과 정지①를 이용하여 자막을 추가할 구간이 정해지면 자막을 입력②한다. 재생과 정지 버튼으로 구간이 정확하지 않으면 구간 선택③을 통하여 구간을 이동하여 자막이 재생될 구간을 선택한다. 편집이 완료되면 재생을 통하여 화면④에서 정확하게 재생되는지 점검한다. 적용을 클릭하면 편집이 완료된다.

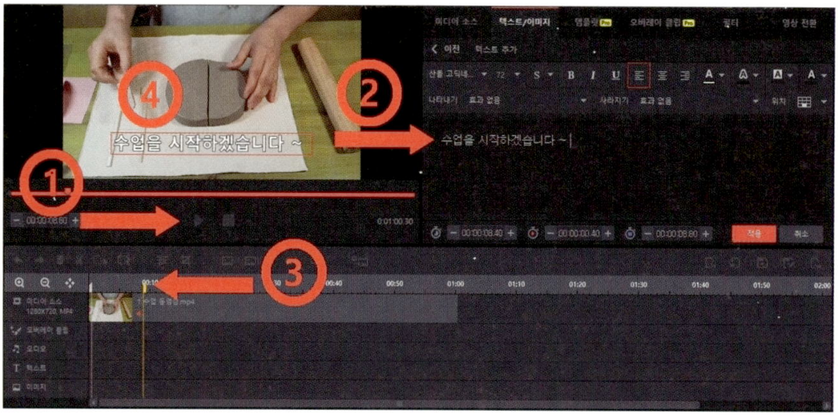

■ 텍스트(자막) 모양 설정 : 곰믹스에서의 자막은 한글 프로그램에서의 글자 모양 수정처럼, 글꼴, 글자크기, 진하게, 글자정렬, 밑줄, 글자색 등 다양하게 수정이 가능하다. 자막을 수정한 다음 적용을 클릭하면 최종적으로 편집이 완료된다.

■ 텍스트(자막) 애니메이션 설정 : 자막의 나타내기, 사라지기를 애니메이션과 같이 설정할 수 있으며, 위치도 설정할 수 있다. 완료 후 적용을 클릭하면 최종 편집이 완료된다.

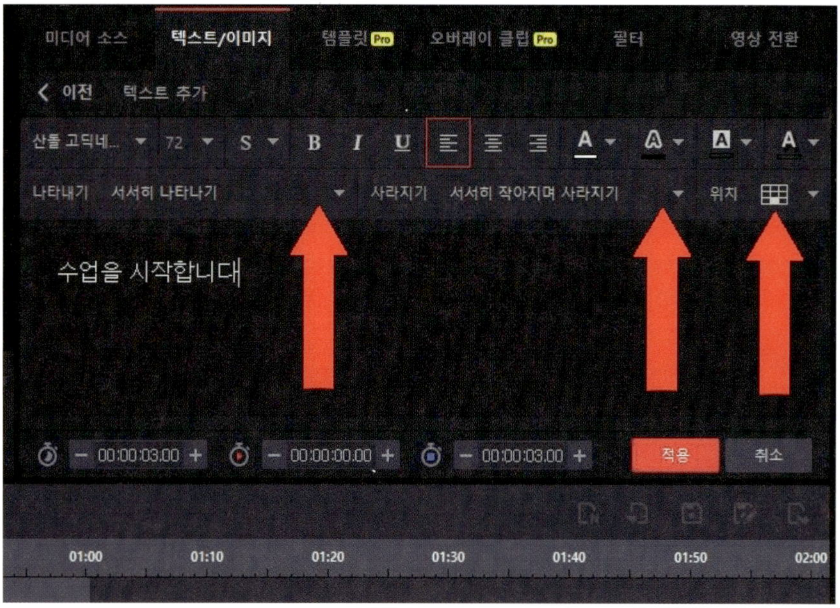

⑤ 다양한 편집 기능

■ 영상 타이틀 템플릿, 오버레이 클립, 필터, 영상 전환 등 다양한 편집 기능이 있다. 직접 편집을 통하여 각각의 기능의 특징을 동영상으로 경험한 후 적절한 곳에 사용되도록 실습하는 것이 좋다.

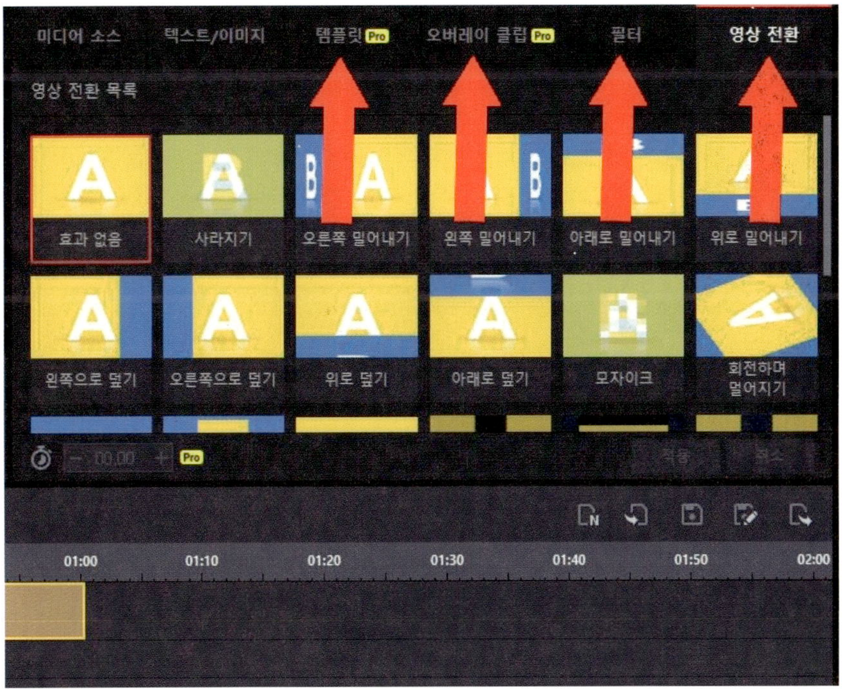

⑥ 동영상 자르기

■ 자르기 위치에서 타임라인의 빨간색 막대①에서 윗부분 가위②를 클릭하면 동영상이 자르기 되고 두 부분으로 잘린다. 자른 부분의 위치를 서로 변경하거나, 전환방법 변경 등 다양하게 활용할 수 있다.

⑦ 기타 기능

- 실행취소①, 삭제②, 영역선택하기③, 비디오 조정하기(반전, 회전, 배속)④, 음량조절⑤과 영상 전환 등이 있다.

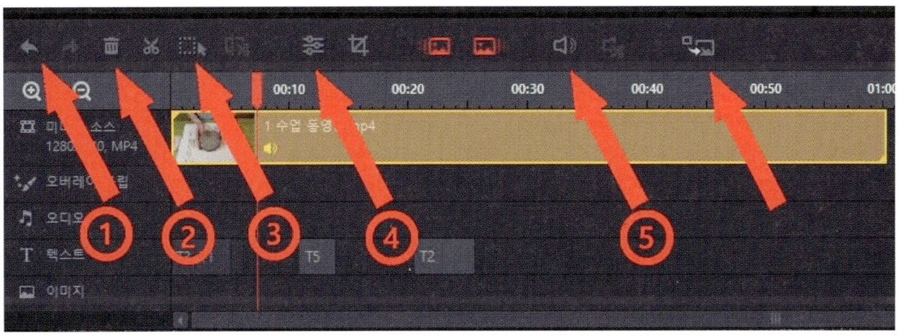

⑧ 오디오 추가 및 편집하기

■ 오디오 파일 추가 : 미디어소스①에서 파일 추가②를 클릭하여 추가하고자 하는 음악파일을 열기하면 파일이 추가③된다.

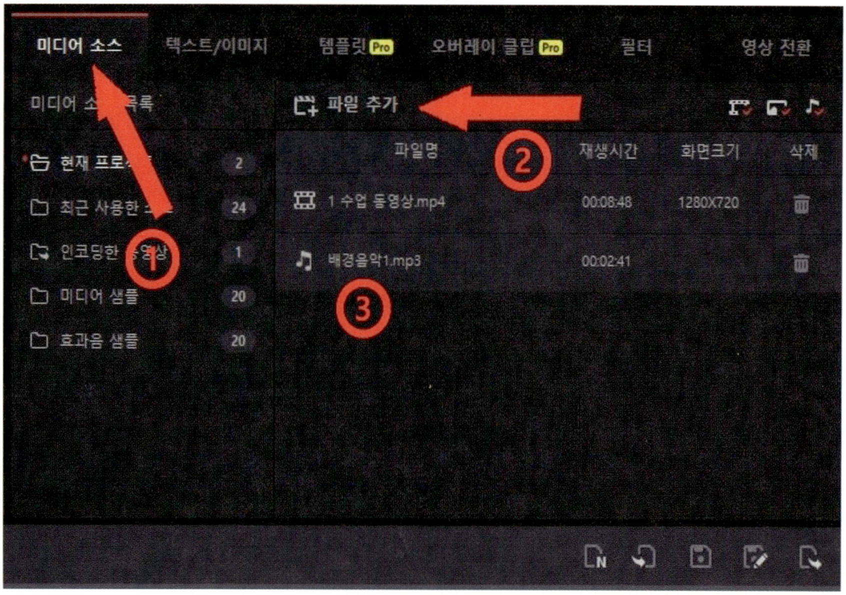

■ 오디오 편집하기

추가한 오디오를 타임라인의 오디오 부분으로 드래그①한 후, 파일을 클릭하면 노란색으로 변경되며, 선택된 오디오편집②을 클릭한다.

선택된 오디오편집①을 클릭한 후, 편집②을 클릭하면 오디오 편집으로 이동한다.

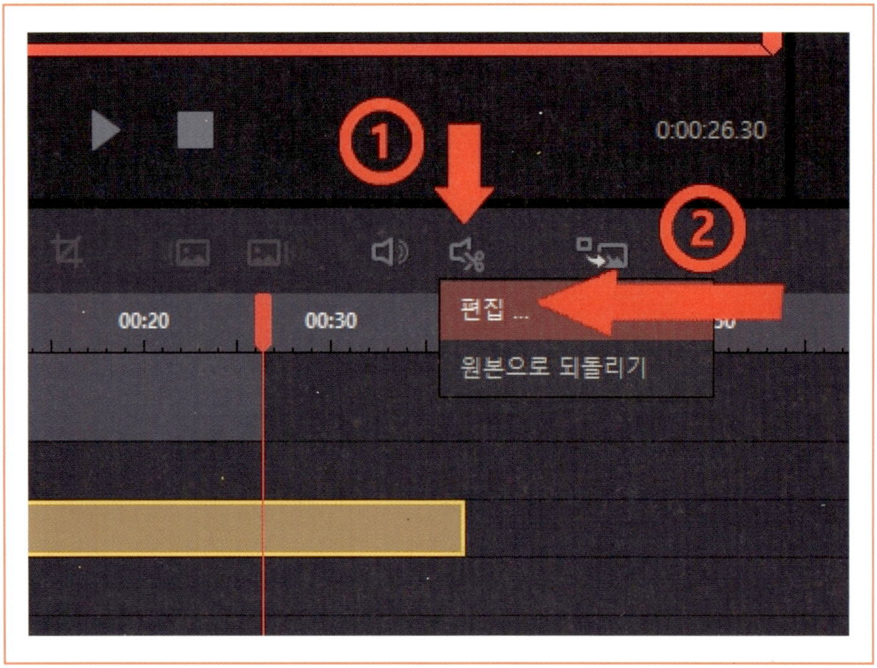

오디오 편집기에서 시작과 종료구간①을 선택하거나, ②부분을 마우스 클릭 후 이동하면 사용하고자 하는 오디오의 구간을 선택할 수 있다. ③부분에서 선택영역 제거, 선택영역만 유지 등 다양한 기능을 편집할 수 있다. 최종 수정된 오디오는 적용을 클릭하면 편집이 완료된다.

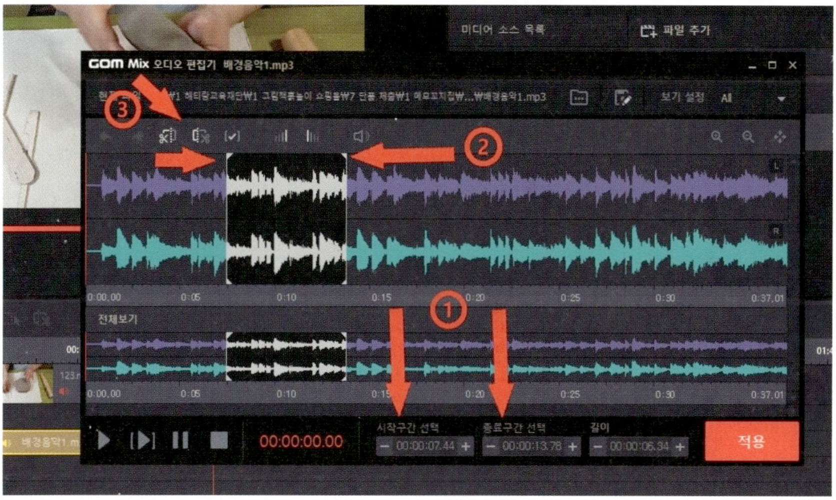

⑨ 프로젝트로 저장하기

■ 곰믹스 편집을 완료하면 곰믹스의 편집을 추후에 할 수 있도록 프로젝트로 저장을 클릭하여 저장한다.

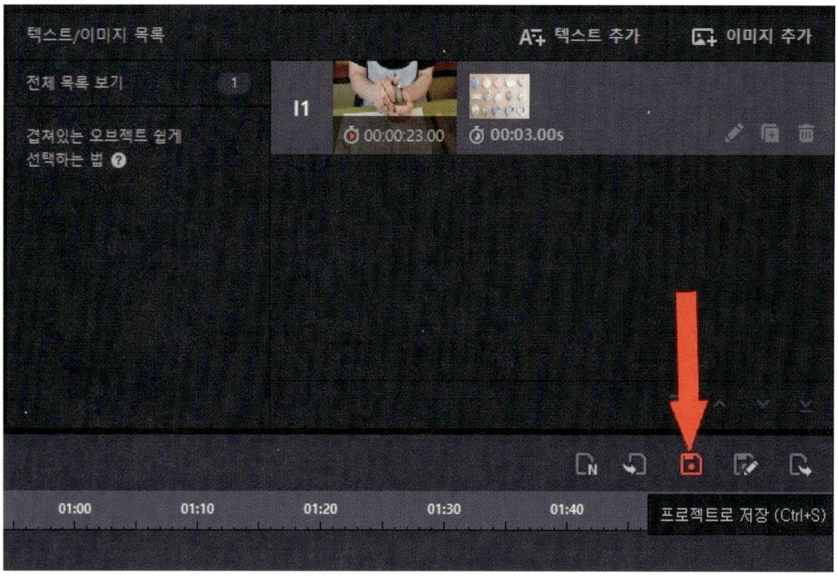

프로젝트 저장 파일은 파일형식이 .grp로 추후 편집이 가능하다.

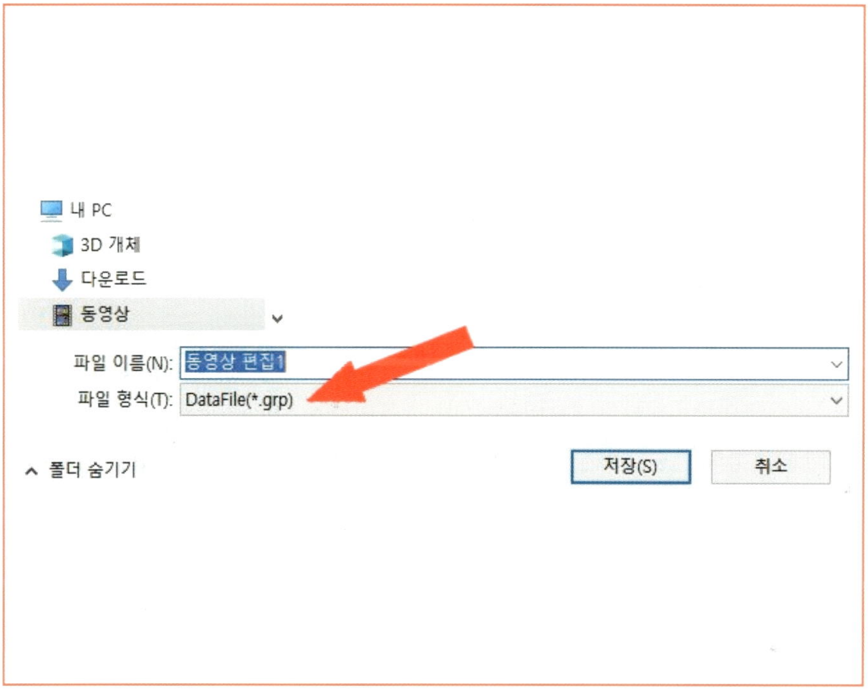

⑩ 인코딩하기

■ 인코딩 시작①을 클릭 후, 저장 경로 설정②, 파일 이름 설정③하고 시작하면 인코딩된다.

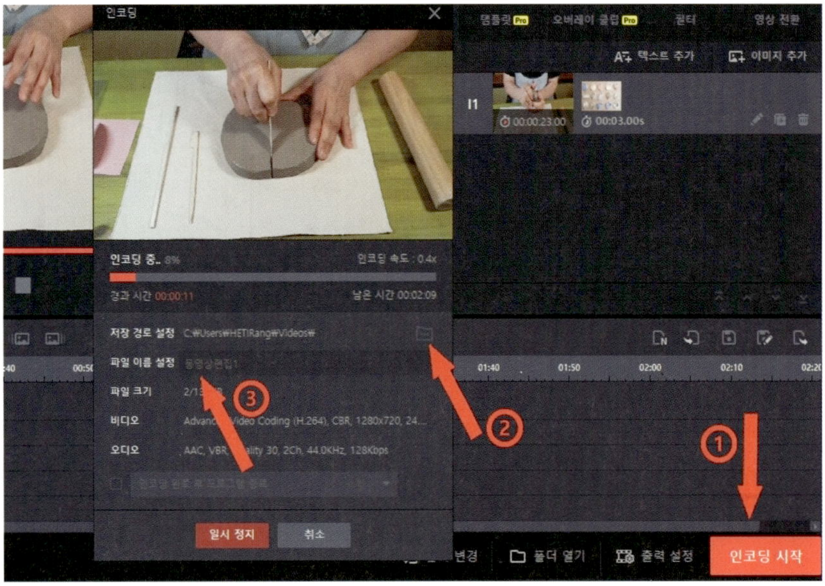

■ 출력 설정①을 클릭 후, 출력 형식 등 여러 가지 출력방식을 설정할 수 있다.

2 동영상 캡처 놀이

1) 곰캠

곰앤컴퍼니에서 2017년에 만든 녹화 프로그램이다. 기능은 녹화, 게임 녹화, 웹캠 녹화, 장치 녹화, 강의 녹화 등이 있다.

2) 곰캠 동영상 캡처 놀이

① 곰캠 다운로드 및 설치

- 곰앤컴퍼니 홈페이지(https://www.gomlab.com)에 접속한 후 다운로드를 클릭한다.

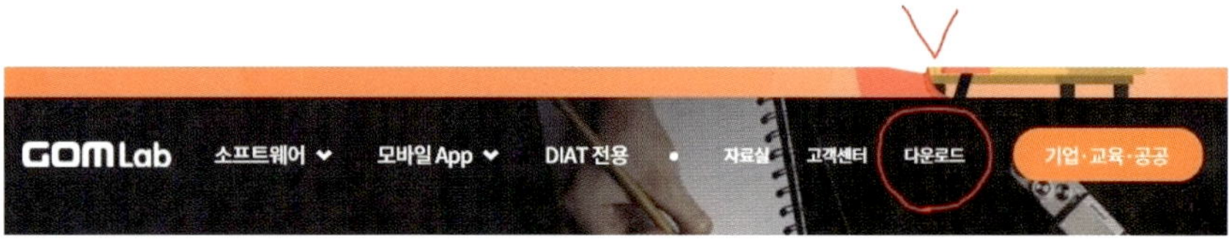

■ 곰캠 다운로드를 클릭하여 설치한다.

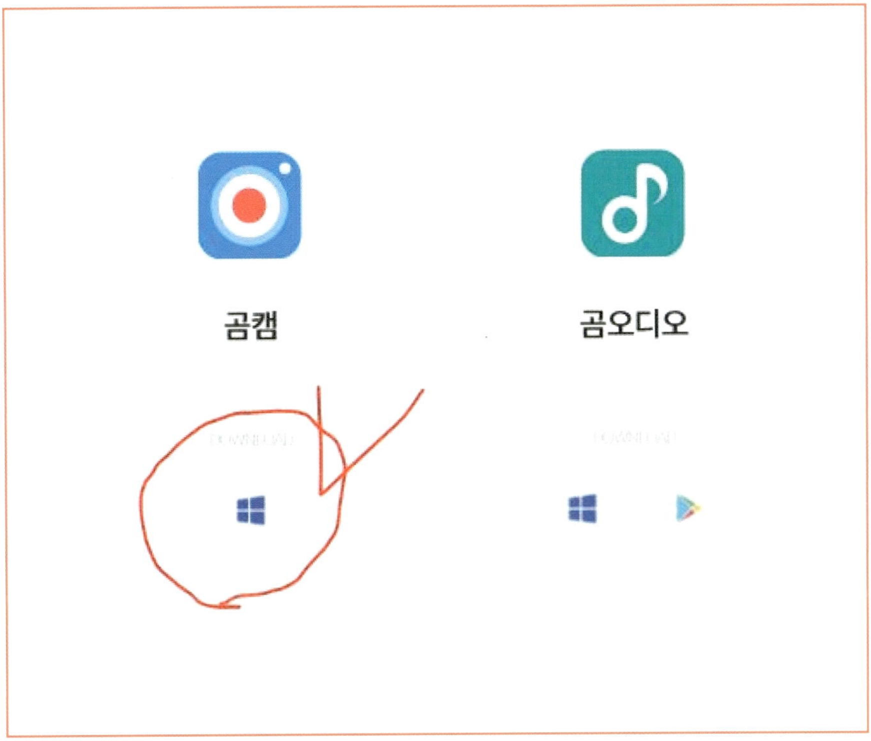

② 곰캠 동영상 캡처하기

■ 곰캠을 실행하면, 화면, 이미지, 웹캠, 게임, 강의 등 다양한 캡처 기능들을 선택할 수 있다.

■ 화면캡처를 선택한 후, 캡처하고자 하는 동영상의 화면 크기를 설정한다.

화면의 모서리를 드래그①하거나, 영역다시설정②을 클릭한 후 화면의 크기를 설정하면 된다.

■ 화면동영상캡처① 외에 이미지캡처, 그리기, 효과설정, 예약녹화, 흐리기 등 다양한 기능이 있다.

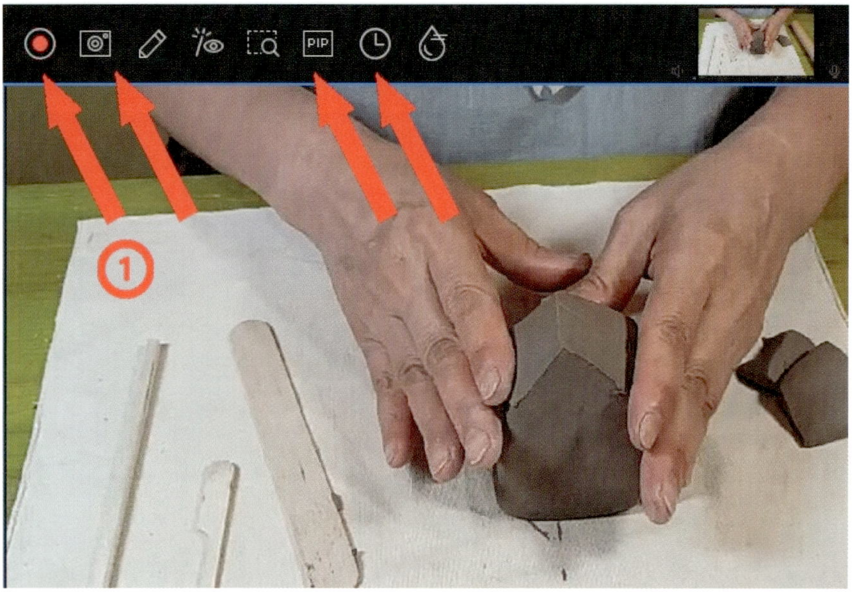

■ 화면동영상캡처는 동영상이 재생되고 있는 상태에서 녹화①를 클릭하면 화면의 동영상이 녹화된다. 녹화되고 있는 화면과 녹화 시간③을 볼 수 있으며, 정지②를 클릭하면 동영상 녹화가 정지된다.

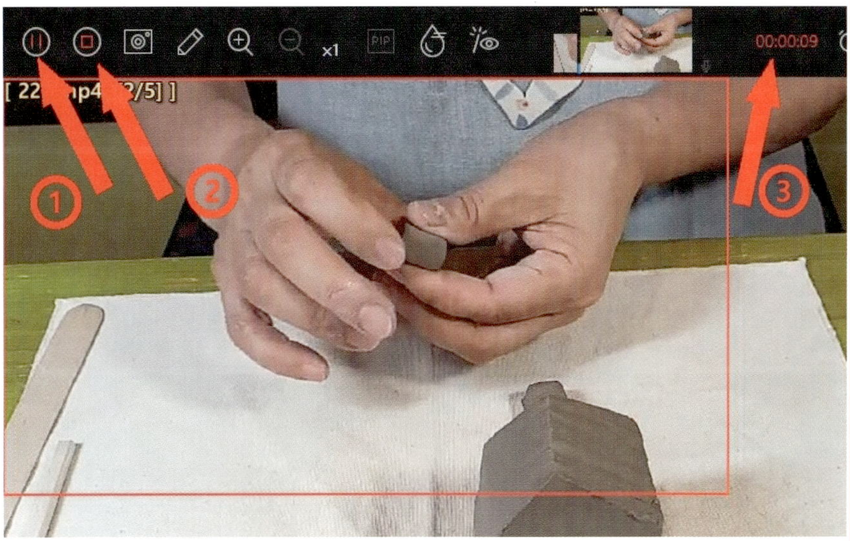

■ 화면 녹화된 파일은 저장폴더열기①를 클릭하거나, GOMCam②에서 확인할 수 있다.

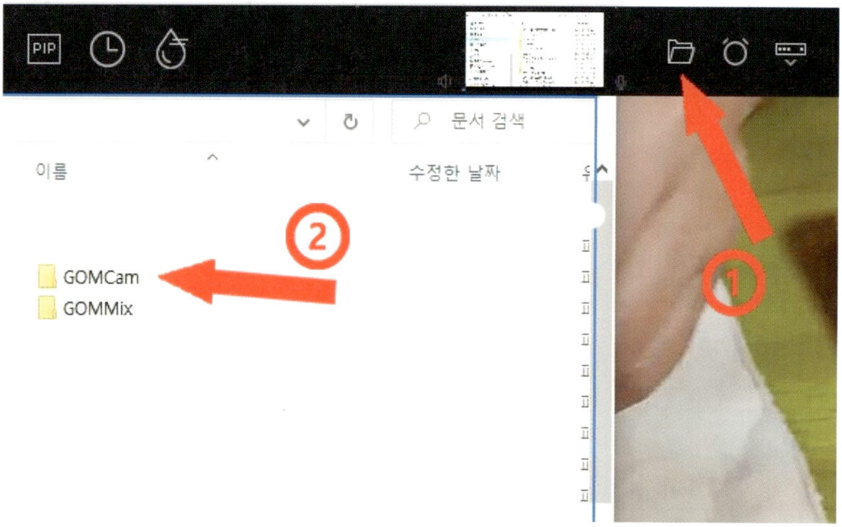

07 CHAPTER 파워포인트를 통한 애니메이션 놀이교육

1. 스토리 앨범 만들기　　　2. 애니메이션 동화 만들기

1 스토리 앨범 만들기

1) 제목 넣기 : WordArt 넣기

* [메뉴]-[삽입]-[WordArt]를 선택한다.

다양한 종류를 클릭해서 글자를 넣어 보자.

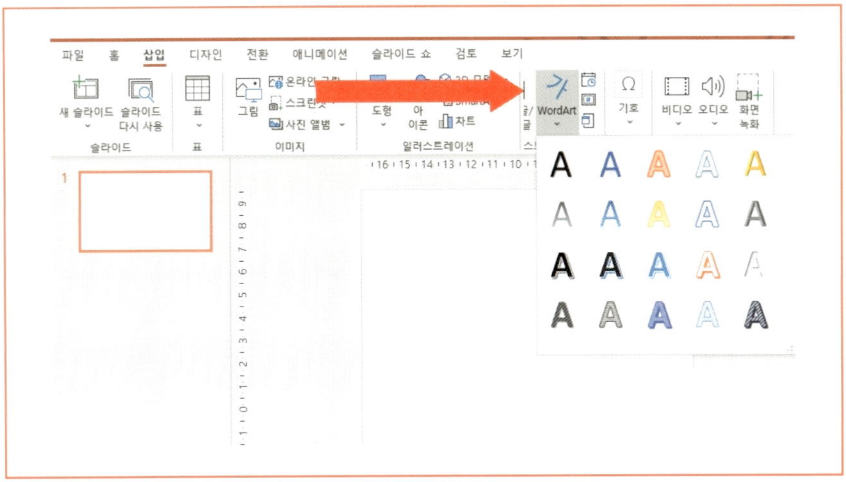

* 글자를 드래그한 후 마우스 오른쪽을 클릭한다.
  글꼴, 글자크기, 글자색, 정렬 방법 등 다양한 옵션을 변경한다.

2) 슬라이드 추가하기

* 슬라이드 창에서 마우스 오른쪽을 클릭한 후 [새 슬라이드]를 선택한다.
* 혹은 , 슬라이드 마지막 부분에서 [Enter]를 클릭한다.

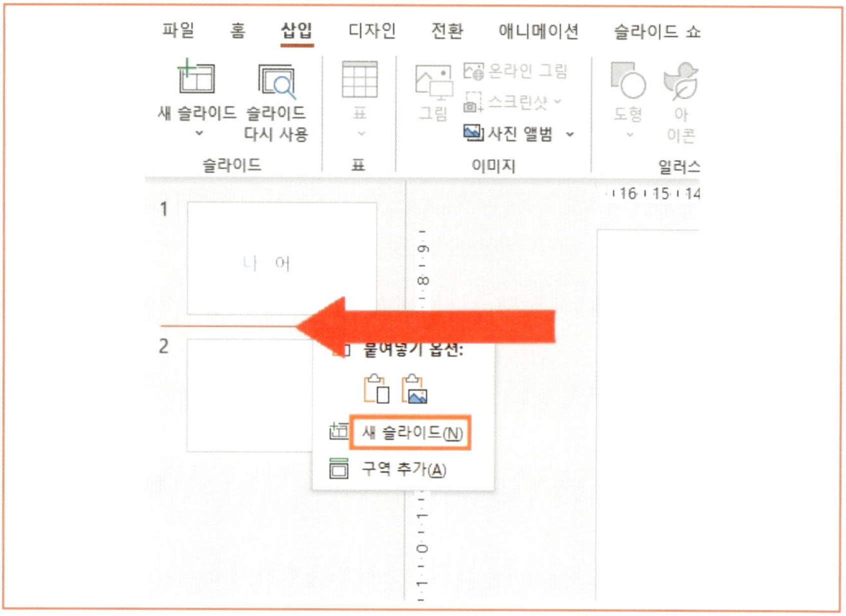

3) 글자 넣기

* 글자를 넣는 방법은 여러 방법이 있다.
* 텍스트 상자, WordArt, 도형, 그림 등이 있다.
* [메뉴]-[삽입]-[텍스트 상자]로 글자 넣기

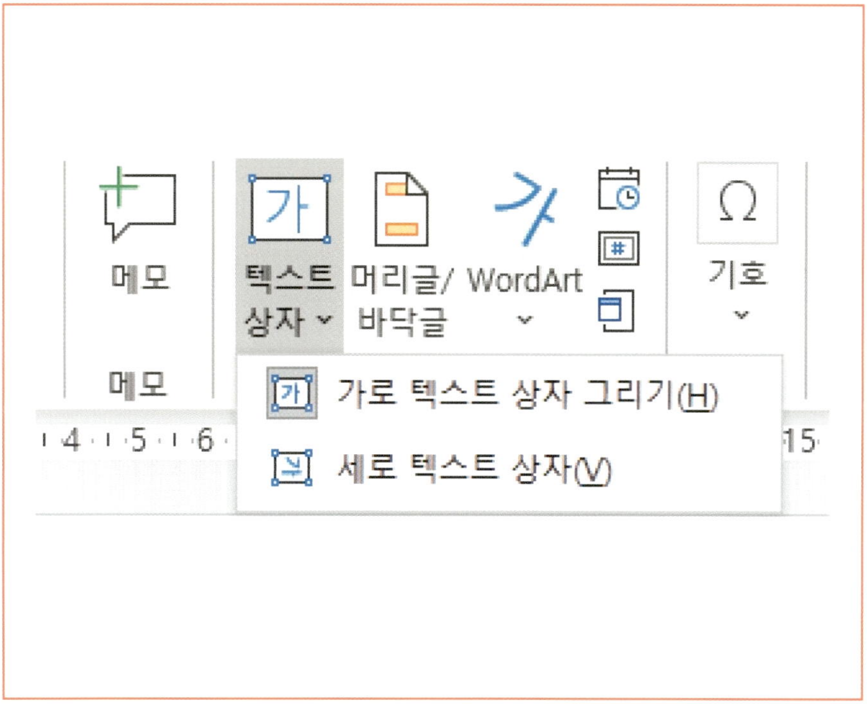

* 도형 안에 글자 넣기

[메뉴]-[삽입]-[도형] 도형을 선택한다.

도형이 나타나면, 마우스 오른쪽을 클릭하여 [텍스트 편집]을 선택한다.

도형 안에 글자를 넣는다. 글자를 드래그하면 글자 옵션을 수정할 수 있다.

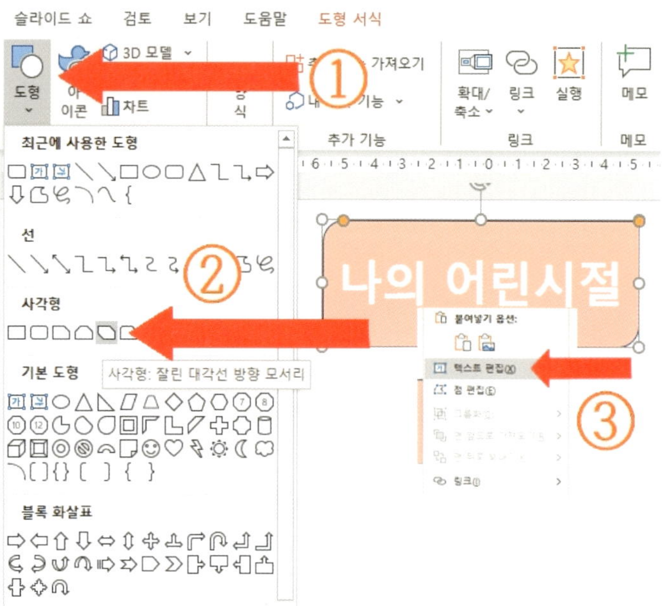

4) 그림 넣기

* [메뉴]-[삽입]-[그림]을 선택하여 그림을 넣는다.

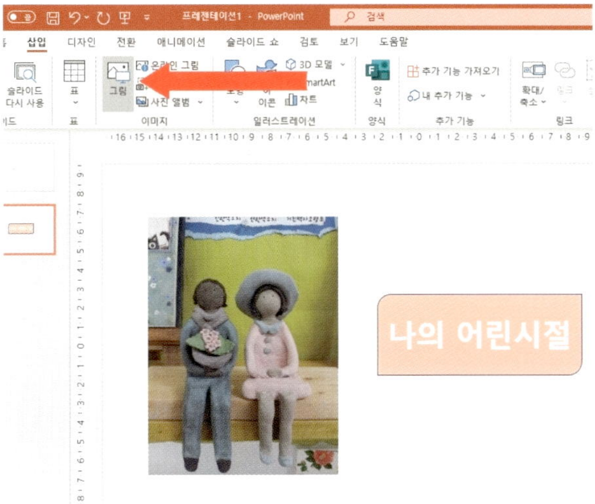

* 그림에 다양한 효과를 입혀 보자.
그림을 더블클릭하면 [그림 서식]이 나타난다.
[그림 스타일]을 선택하면 스타일이 변경된다.
그림 위의 회전을 클릭한 상태에서 움직이면 회전할 수 있다.

* 그림 서식 수정하기

그림에서 마우스 오른쪽을 클릭한 후 [그림 서식]을 선택한다.

그림자, 반사, 네온, 3차원 회전, 꾸밈 효과 등 다양한 옵션을 선택해서 수정해 보자.

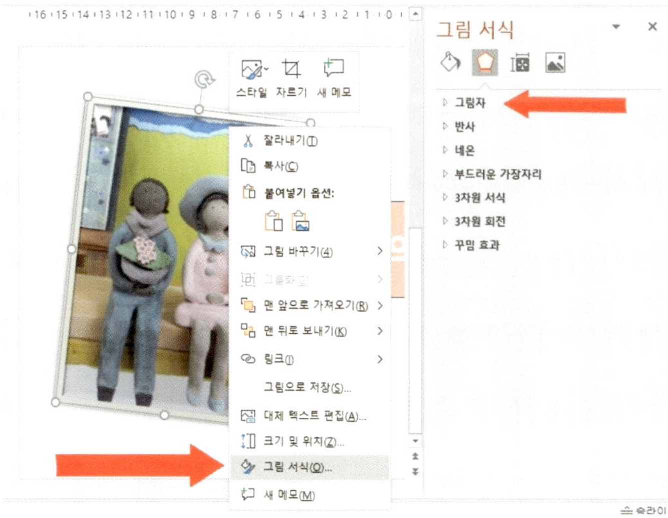

5) SmartArt 그래픽 선택

* [메뉴]-[삽입]-[일러스트레이션]-[SmartArt]를 선택한다.
* 목록형, 프로세스형, 주기형, 행렬형 등 다양한 옵션을 선택해 보자.

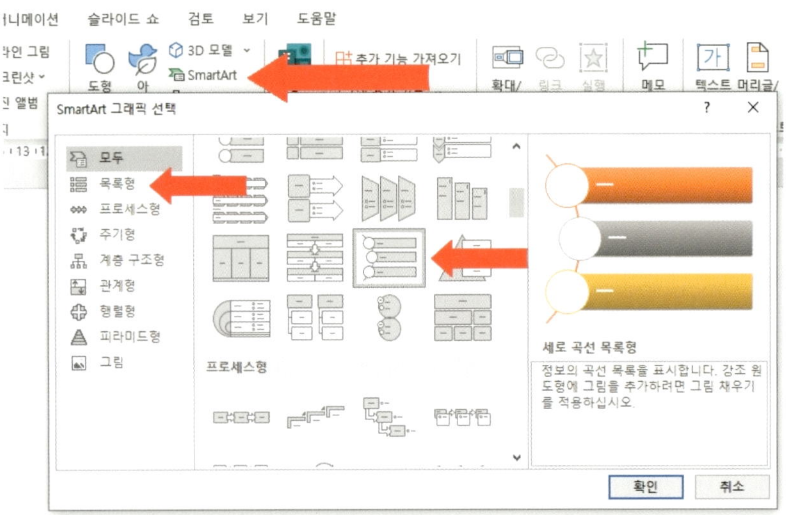

* SmartArt 디자인 수정하기

글자를 입력하고, 모양과 색을 변경한다.

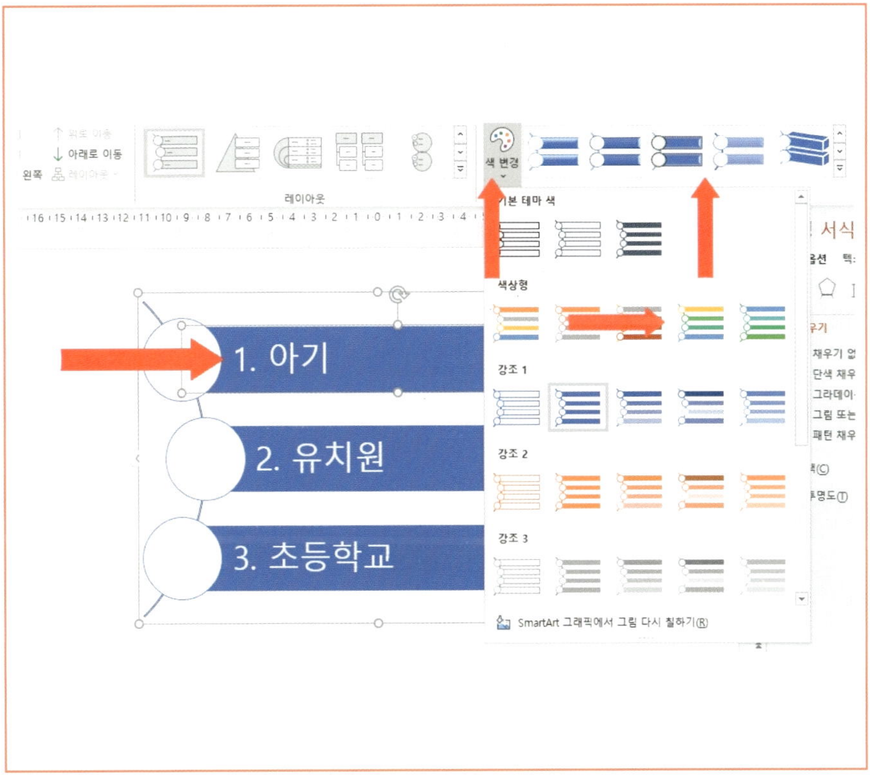

2 애니메이션 동화 만들기

1) 이미지에 애니메이션 넣기

* [애니메이션]을 선택한 후, 애니메이션을 넣을 이미지를 선택한다. 다양한 애니메이션을 선택해서 미리 움직이는 모습을 재생해 본다.

2) 애니메이션 추가 및 옵션 설정하기

* [애니메이션 창]을 선택하면 애니메이션 창에서 애니메이션의 옵션을 수정할 수 있다.

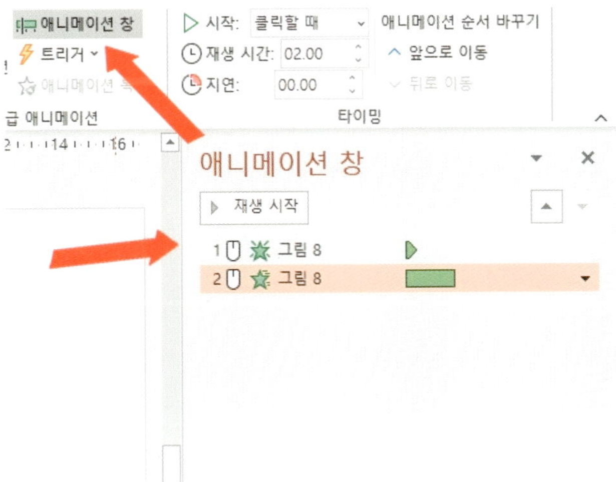

* 이미지를 선택한 후 [애니메이션 추가]를 선택하면 다양한 애니메이션 옵션이 나타난다. 나타내기, 강조, 이동하기 등 다양한 옵션을 선택해 보자.

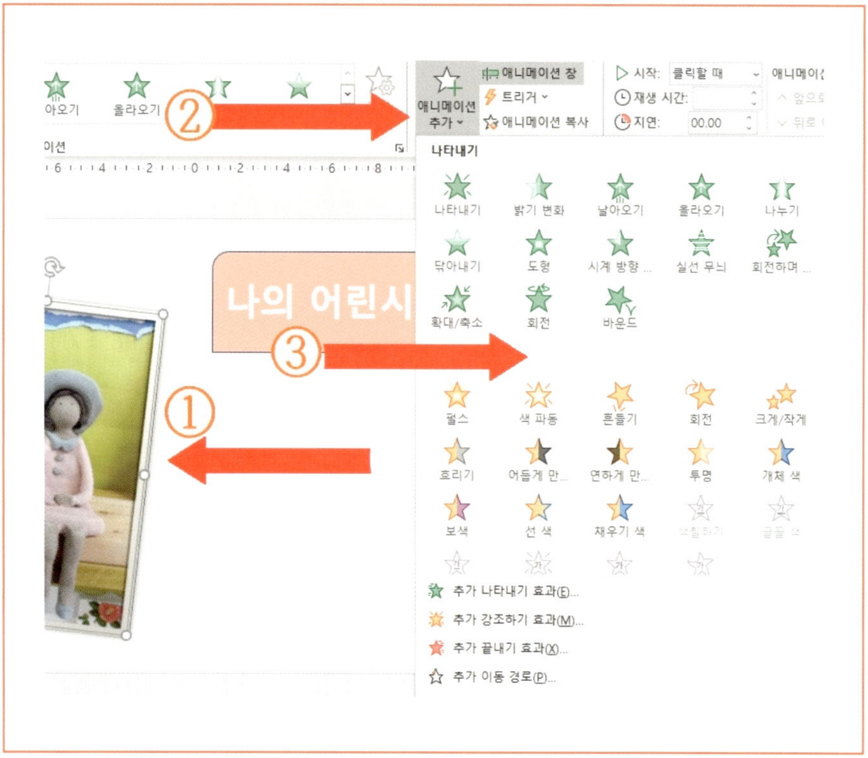

3) [사용자 지정 경로]를 선택하면 자유롭게 애니메이션을 만들 수 있다.

* 이미지를 선택한 후 - [애니메이션 추가] - [이동 경로] - [사용자 지정 경로] 선택

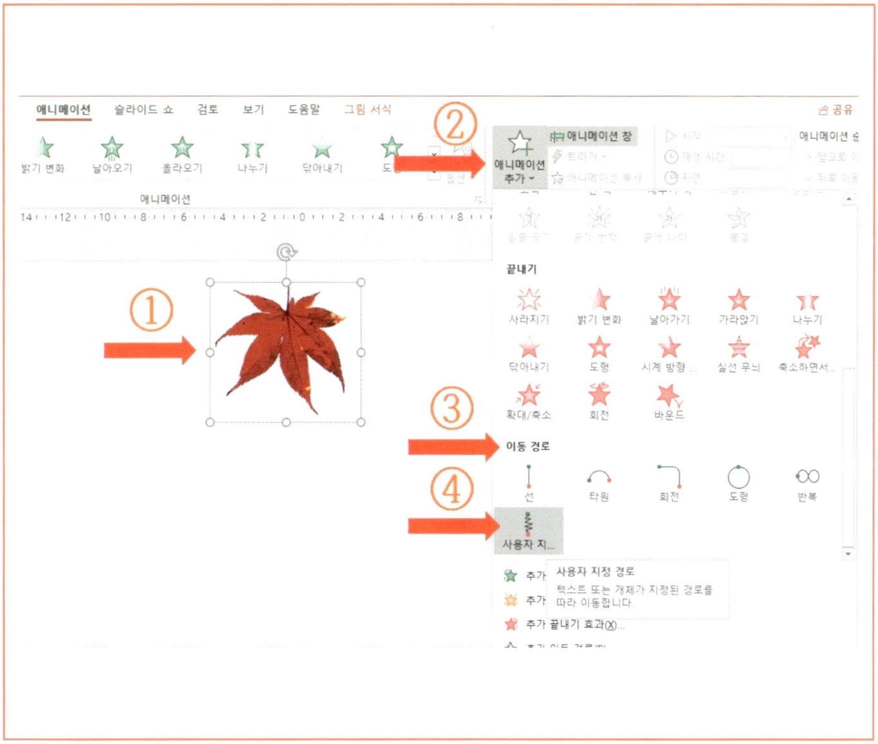

■ 나뭇잎이 자유롭게 떨어지는 애니메이션 만들어 보기

* [이동경로]-[사용자 지정 경로]를 선택한 후
* 이미지 시작 지점에서 마우스를 클릭하면 십자모양이 나타나며, 이것을 움직이고 싶은 방향으로 자유롭게 움직인 후, 끝나는 지점에서 더블클릭한다.
* 자유롭게 움직이는 모습을 볼 수 있다.

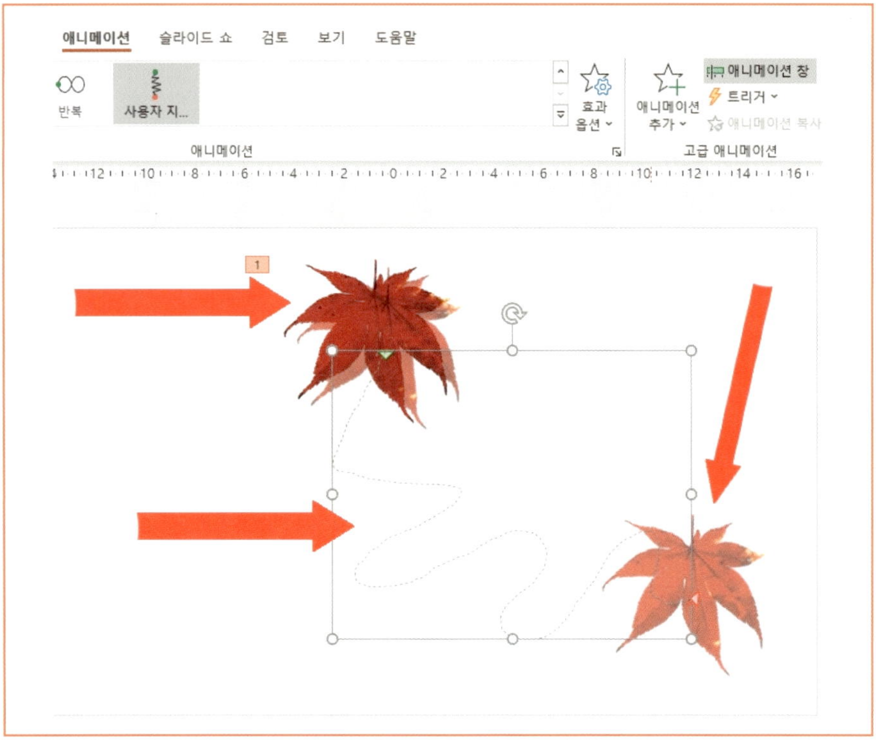

■ 한 개의 이미지에 여러 가지 애니메이션 추가하기

* 한 개의 이미지에 애니메이션을 추가하면, 다양한 움직임의 애니메이션을 만들 수 있다.

나타내기-강조-반전-자유 움직임 등으로 애니메이션을 만들 수 있다.

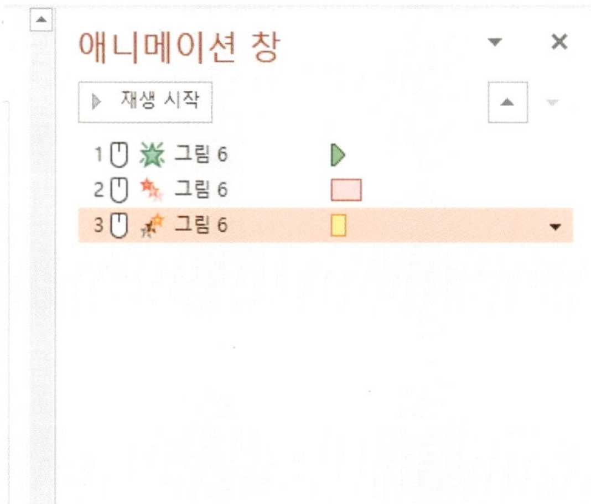

■ 애니메이션 옵션 수정하기

* 추가한 애니메이션을 다양하게 수정할 수 있다.
* 애니메이션 창에서 움직임의 시작을 클릭할 때 시작, 이전 효과와 함께 시작, 이전 효과 다음에 시작 등으로 움직임의 방법을 수정할 수 있다.
* 효과 옵션을 선택하면 효과와 타이밍을 수정할 수 있다.

■ 애니메이션의 종류

* 나타내기

* 강조

* 끝내기

* 이동

* 다양한 애니메이션의 종류를 선택한 후 미리보기를 통해 재생해 보자.

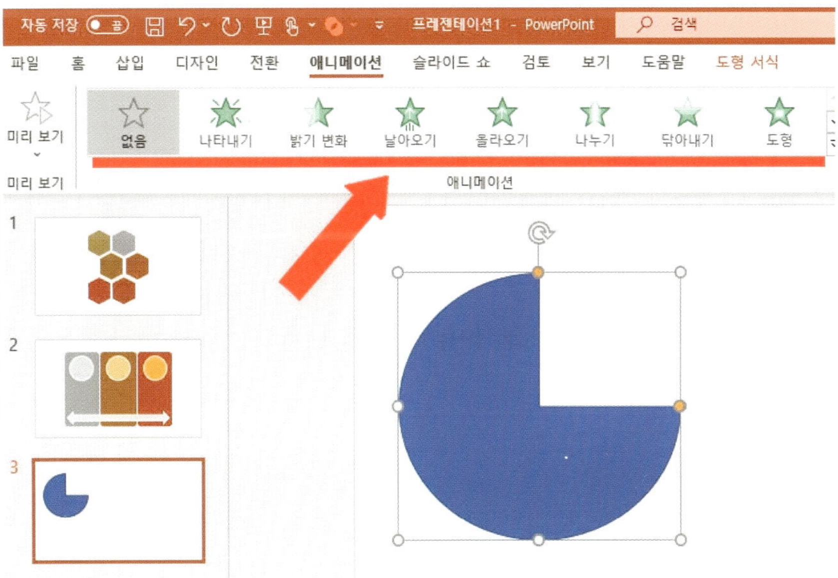

* 애니메이션 나타내기의 종류를 살펴보자.

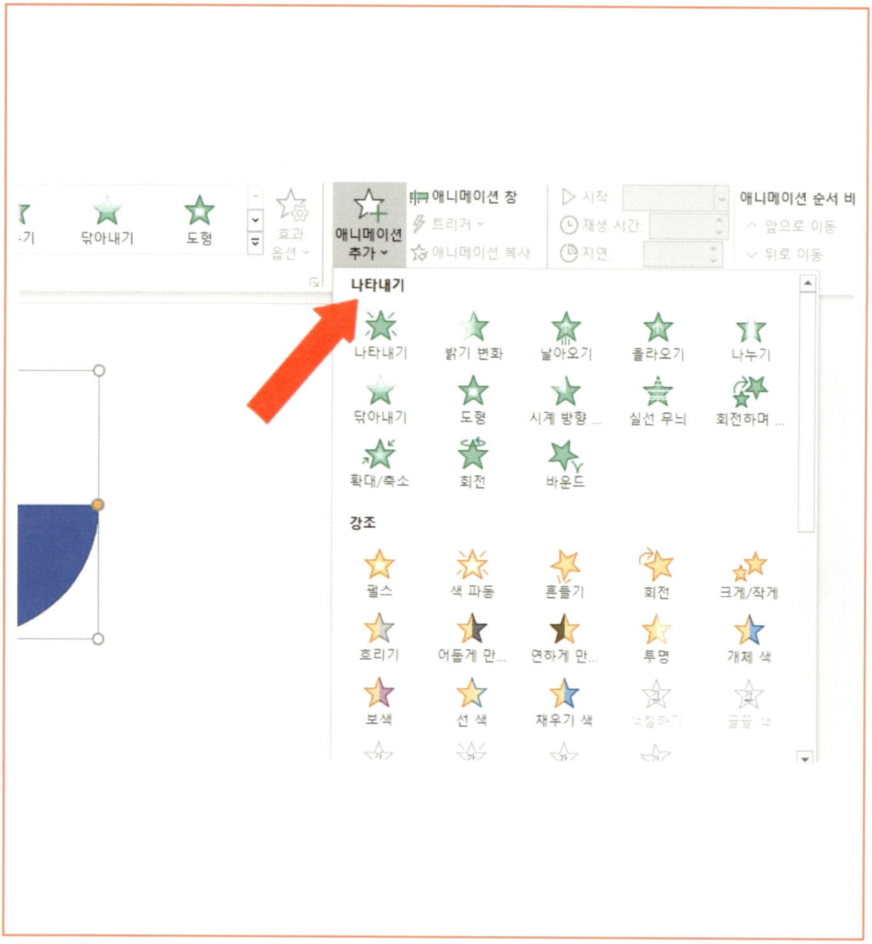

* 애니메이션 강조의 종류를 살펴보자.

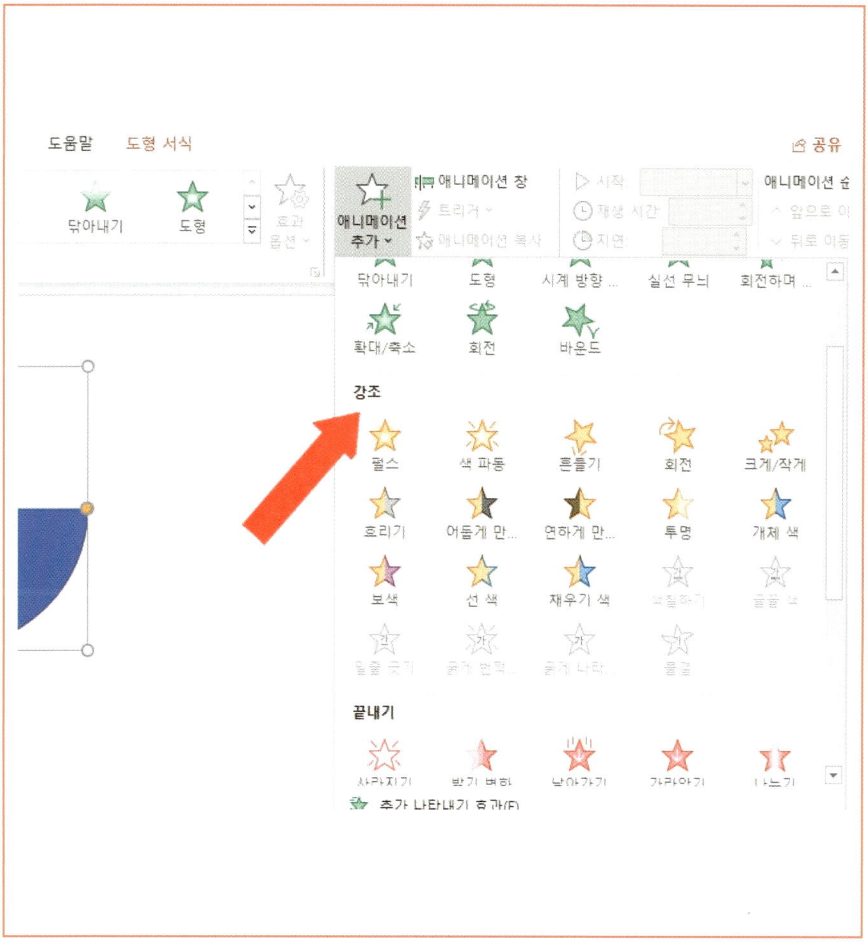

* 애니메이션 끝내기의 종류를 살펴보자.

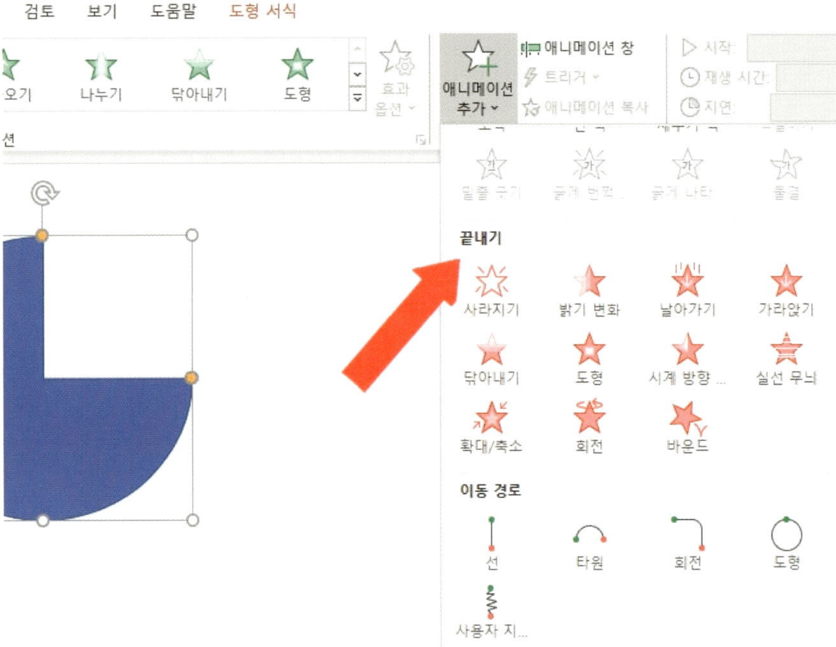

* 애니메이션 이동 경로의 종류를 살펴보자.

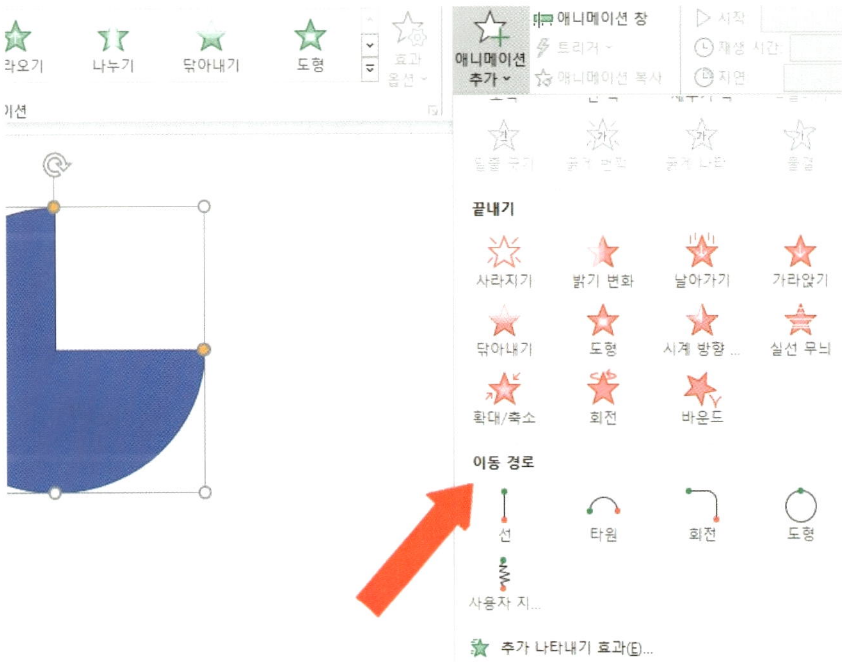

4) 음악, 소리 넣기

* 애니메이션 장면에 소리를 넣으면, 표현하고자 하는 동작이나 느낌을 더욱 풍부하게 표현할 수 있도록 도와준다.
* [메뉴]-[삽입]-[오디오]-[파일열기]를 선택한다.

* 음악을 재생하는 옵션을 수정해 보자.

이미지의 움직임에 따라 음악재생 시점을 수정할 수 있다.

이미지에 음악을 삽입한 경우, 이미지를 선택하면 [재생] 옵션이 나타난다.

[시작]을 클릭하면 슬라이드 쇼 재생 시 음악의 시작점을 마우스 클릭 시, 자동 실행, 클릭할 때 등으로 설정이 가능하다.

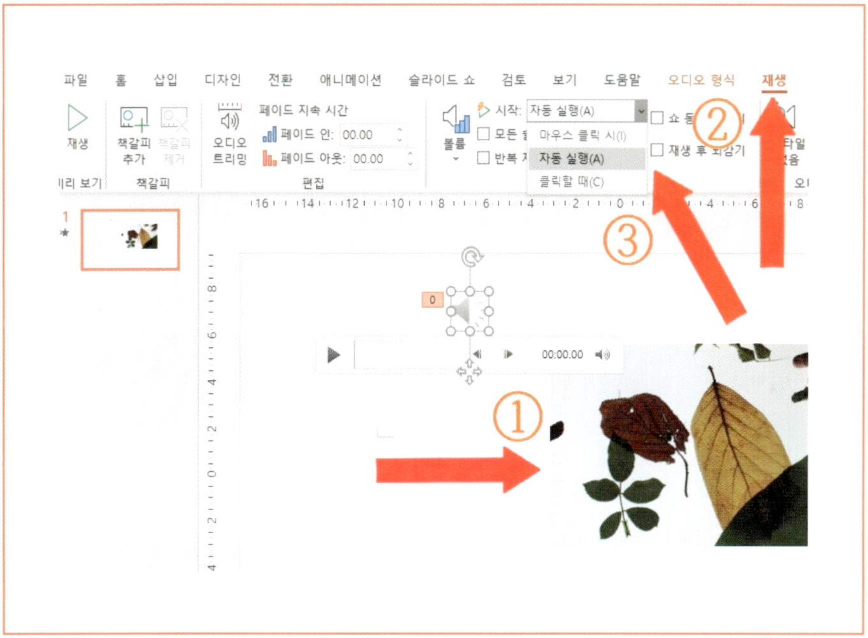

5) Video 동영상 넣기

* 사진으로 구성된 그림동화에 동영상을 넣어 보자.
정적인 장면을 보다 역동적인 움직임들로 표현할 수 있다.

* [메뉴]-[삽입]-[비디오]-[파일열기]를 선택한다.

* 동영상 재생 화면의 스타일을 설정해 보자.

동영상 화면을 클릭한 후, [비디오 서식] [재생]에서 다양한 옵션 선택이 가능하다.

비디오 테두리 스타일을 선택하면 다양한 테두리 모양, 색을 선택할 수 있다.

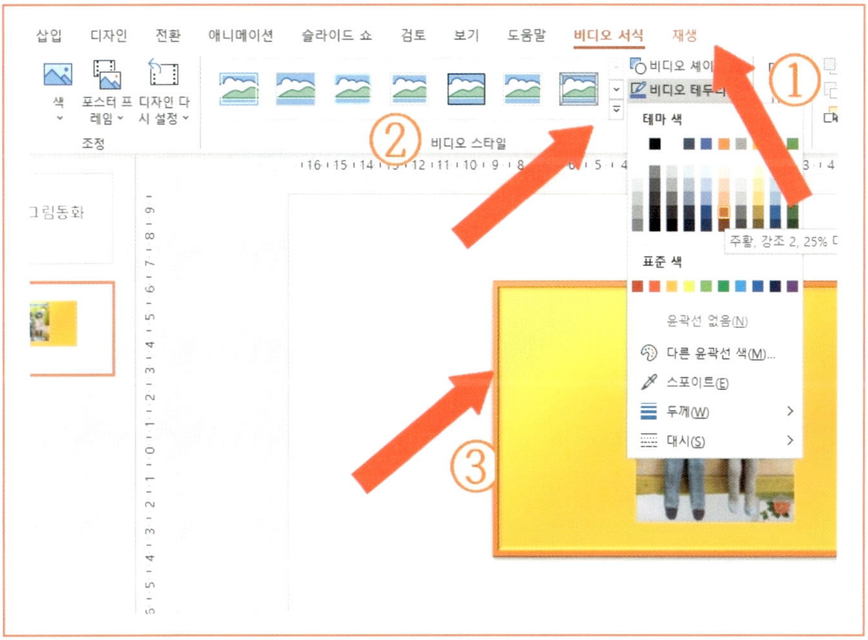

* 동영상 재생 화면 크기 조절하기
동영상 재생 화면의 모서리를 마우스로 드래그하면 크기 조절이 가능하다.

* 동영상 재생 화면의 시작 시간을 조절할 수 있다.
마우스 클릭 시, 자동 실행, 클릭할 때 등 그림동화의 순서에 따라 재생시간을 조절해서 설정하면 이야기의 전개에 큰 효과를 표현할 수 있다.

6) 애니메이션 재생 순서 변경하기

* [애니메이션 창]을 선택하면 지금까지 애니메이션이 번호별로 나타난다.
* 그림동화의 애니메이션 표현의 순서에 따라 선택한 후 이동하면 표현되는 순서를 설정할 수 있다.

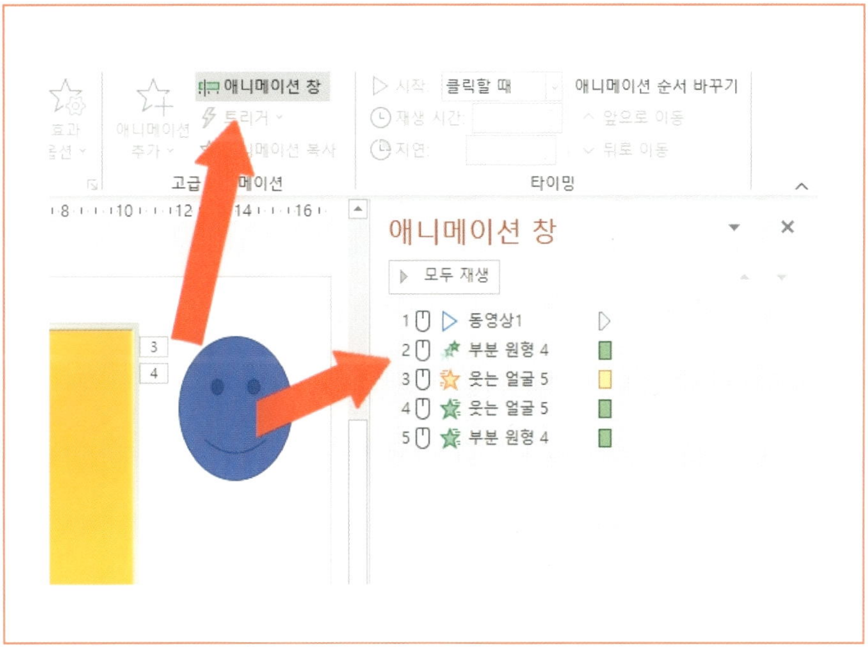

7) 장면 전환하기

* [메뉴]-[전환]-슬라이드를 선택한 후 전환 방법을 선택할 수 있다.

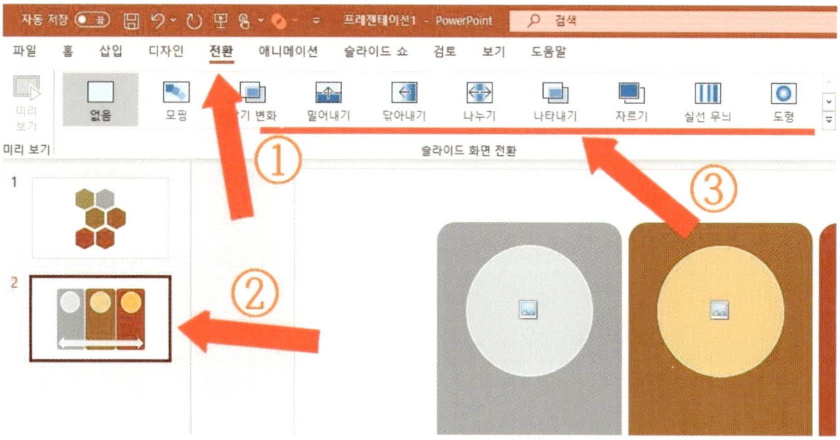

* 장면 전환의 방법에는 다양한 방법이 있다. 완성 후 슬라이드 쇼를 통해 미리 보면서 장면전환 방법을 선택하면 된다.

8) 다른 이름으로 저장하기

* [파일]-[다른 이름으로 저장]을 선택하면 [파일 형식]을 선택할 수 있다.
* 파워포인트의 편집 상태로 저장하려면, 제일 윗부분의 *.ppt 혹은 .pptx를 선택한다.
* 동영상으로 저장하려면, *.mp4, *.wmv 등을 선택하면 스마트폰에서 재미있는 그림 동화 동영상을 시청할 수 있다.

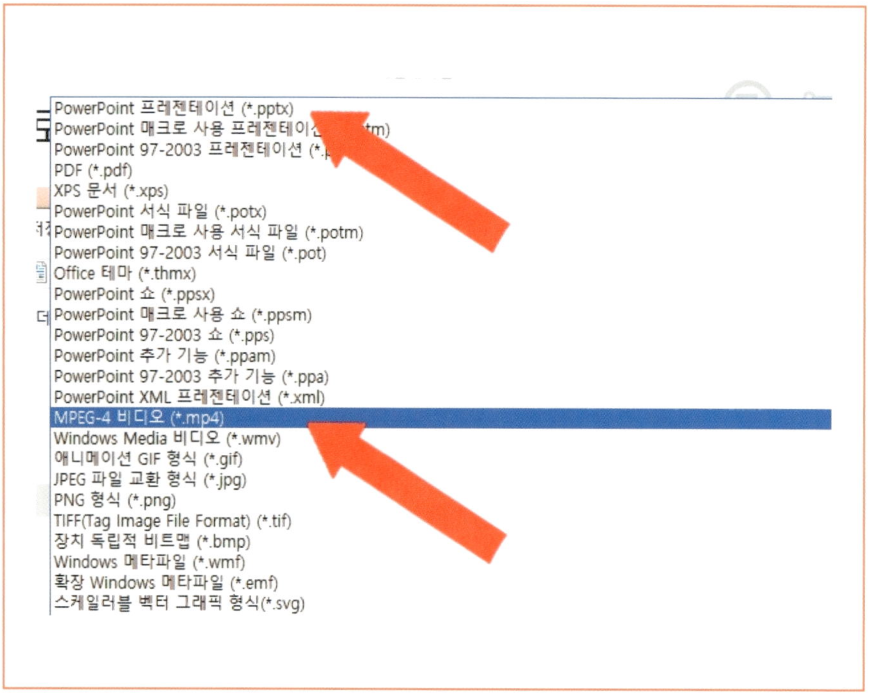

III
PART

미래 유아컴퓨터 놀이교육으로의 확장

08 CHAPTER 스마트앱 활용 놀이교육

1 스마트앱(Smart App)

애플리케이션이란 컴퓨터의 운영 체제에서 실행되는 모든 응용 소프트웨어를 의미한다. 따라서, 스마트앱 즉, 스마트 애플리케이션이란 스마트폰 환경에서 활용되는 모든 응용 소프트웨어를 의미한다. 영유아들의 스마트폰의 활용이 확대되며 접근성과 활용성이 매우 증가되고 있으며, 영유아를 대상으로 다운로드하여 활용할 수 있는 스마트앱도 매우 다양화 되고 있다. 이에 대한 전문적인 연구와 개발이 영유아 놀이와 연계되어 진행되는 것이 필요하다.

2 스마트앱 활용 놀이교육

스마트폰에는 기본적으로 설치되어 있는 필수 앱들과 필요에 따라 사용자가 설치할 수 있는 다양한 앱들이 있다. 스마트앱은 스토어에서 필요에 따라 어플을 다운로드 받아서 설치하면 된다.

09 CHAPTER 코딩, 3D 프린터, 드론 활용 놀이교육

1. 코딩
2. 3D 프린터
3. 드론

1 코딩

컴퓨터는 현대 산업사회에서 매우 중요한 산업화와 일상의 도구로 밀접하게 활용되고 있다. 이러한 컴퓨터의 활용 중 코딩은 4차 산업혁명 시대에서 매우 중요한 역량으로 대두되고 있다. 코딩이란 컴퓨터 프로그래밍의 다른 말로, C언어나 자바, 파이선 등을 활용한 컴퓨터 언어로 목적에 적합한 프로그램을 구성하는 것을 의미한다. 컴퓨터가 효율적으로 작동하기 위한 명령을 내릴 때 인간의 언어가 아닌 컴퓨터 언어로 상호작용하는 것을 의미한다. 우리가 일상생활에서 쉽게 접하는 스마트폰이나 엘리베이터, 리모컨 등도 모두 코딩으로 작동하는 것이다.

코딩교육은 융합적 사고와 역량을 기본으로 창의성과 인성을 겸비한 미래인재를 육성하는 것이다. 특히, 창의성과 인문학적 상상력을 바탕으로 다양한 지식의 융합과 새로운 가치를 창출하기 위한 교육으로 4차 산업혁명 시대를 대비하는 창의 융합형 미래인재교육을 의한 핵심가치인 것이다. 이에 따라 초·중·고등학생들 뿐만 아니라 영유아 시대에서부터 이러한 문제

해결력을 경험하는 하나의 알고리즘을 배우는 과정을 통해 영유아들의 컴퓨터적 사고과정에 대한 유아컴퓨터 놀이교육의 매우 중요한 놀이경험이 될 수 있다. 현장에서 아직까지 사용하기에서 현장 교육환경적 측면에서 물리적, 경제적 측면에서 매우 어려운 측면이 있어, 제도적인 과정에서 지원이 매우 필요하다.

우리나라에서는 2018년 초등학교 5,6학년을 대상으로 실기과목에 SW교육을 추가하여 연간 17시간의 체험과 놀이중심의 코딩 교육이 의무화됐으며, 2019년 중학생의 경우 과학/기술과정에 SW 교육을 추가하여 연간 34시간씩 단계적으로 실생활 문제를 해결하는 방법으로 코딩 교육을 실시하고 있다. 코딩교육의 목적은 단순히 프로그램밍을 학습한다는 의미보다는, 알고리즘을 만들어 창의적인 문제해결능력을 키워나가는 것이 무엇보다 중요한 핵심역량이라고 할 수 있다.

2 3D 프린터

3D프린터는 단면적인 기존의 프린터와는 완전히 혁신적인 실물과 동일한 3차원적 설계도를 바탕으로 실물과 동일한 입체적인 물건을 인쇄하는 도구를 의미한다. 또한 3D프린팅이란 3D프린터로 입체적인 대상을 인쇄하는 일체의 과정으로 입체적인 물건을 인쇄하는 것뿐만이 아니라, 대상을 인쇄하기 위해 디자인하고, 설계하는 모든 과정을 통하여 설계한 결과를 제작하는 과정을 3D프린팅이라고 한다. 즉, 최초 완성을 위해 설계한 도면을 기본으로 입력한 설계도에 따라 연속적인 계층의 물질(실, 액체, 가루형태 등)을 뿌려 3차원 입체물품을 만들어내는 제조기술이며, 4차 산업혁명시대의 융합기술의 발달로 3D 바이오프린팅 기술의 개발은 사람의 생명과

관련된 다양한 인공장기 시대를 이어나가는 핵심적인 의료기술들과 연계되어 개발의 이어나가고 있다.

3D프린터는 실물과 동일한 3차원적인 입체 대상물을 만들어 내는 프린터이다. 현재 사실상 3D프린터 기술은 30년 전(1984)에 미국의 찰스 훌(Charles W.Hull)이 설립한 회사 3D시스템즈에서 발명된, 나름대로 오래된 기술이라고 할 수 있다. 항공기나 자동차 관련 산업에서도 시제품을 개발하기 위한 과정에서 다양하게 산업용으로 3D프린터를 사용하고 있다.

특히, 현대 산업사회에서 3D프린팅 기술은 3D로 모델링 된 파일만 있으면 단시간에 실제 대상과 동일한 대상을 제작할 수 있다는 측면에서 매우 중요한 의미를 가지고 있다. 최초의 3D모델링까지가 다소 힘든과정이지만 이러한 과정을 통하여 한번 진행된 과정을 무한대로 활용하여 입체 물건을 만들어낼 수 있다는 측면에서 매우 혁신적인 기술이다. 심지어 이러한 기술은 파일을 통해 공유함으로 장소와 시간, 제작자의 한계를 극복하게 해주는 매우 혁신적인 기술이다.

영유아들에게도 미래 핵심 컴퓨터 관련 기술로 기본적인 과정과 출력과정들에 대해 경험해보는 것은 미래 컴퓨터교육을 위해 매우 의미 있는 과정이 될 수 있다. 주변의 공공기관과 과학기술센터를 통해 3D프린터를 직접 경험해 볼 수 있도록 해주는 기회를 가지도록 해보자.

3 드론

4차 산업혁명 시대를 대비하며 부상하고 있는 기술 영역 중 관심의 대상이 되고 있는 기술 중의 하나가 바로 드론이다. 드론은 현재 많은 분야에서 현실화되고 있어 앞으로의 확장가능성에 국가적인 관심이 대두되고 있다.

특히, 드론은 항공·통신·센서·소프트웨어 기술과 연계된 상호 융합적 기술의 발달이 진행되고 있다. 또한 인공지능, 사물인터넷, 센서 등 4차 산업혁명 시대의 핵심기술들을 어떻게 융합하느냐에 따라 그 가치가 급속도록 증가되고 있다. 또한 드론 기술은 단순한 드론만의 기계적 의미보다는 융합적 기술로의 발달의미는 매우 중요한데, 인텔의 드론쇼를 예로 들며 "엔지니어만이 아니라 시나리오 작가, 안무가 등이 관여하면서 드론의 활용이 문화예술 분야와 융합되면서 그 의미가 크게 확장되고 있다. 우리나라에서는 704억 원 규모의 국내 드론시장을 오는 2026년까지 4조1000억 원 규모로 키우고 세계 상위 5위권 기술 강국으로 도약하겠다는 로드맵을 제시하였으며, 이를 통해 오는 2025년까지 16만4000여개의 일자리를 창출할 계획으로 있다.

드론은 조종사가 비행체에 직접 탑승하지 않고도 지상의 어디에서나 원격으로 조정기나 사전 프로그램된 경로에 따라서 무인으로 자동 및 반자동 형식으로 비행하거나, 인공지능이 탑재되어 자체 환경판단에 따라 자율비행하는 '무인비행장치'를 말한다. 이러한 기술의 미래 발달적 측면에서 영유아 시기의 드론 놀이교육은 미래 교육적 측면에서 매우 중요한 놀이교육이 될 것이다.

10 CHAPTER AI(인공지능), VR(가상현실), AR(증강현실) 활용 놀이교육

1 인공지능(AI)

기존 인간이 담당해 온 과정들이 인공 지능(AI) 즉 AI가 담당하는 사회로 변화되고 있다. 이러한 측면들은 긍정적인 면과 부정적인 측면들이 있지만, 4차 산업혁명 시대의 가속화는 AI의 개발과 발전이라는 측면에서 매우 중요한 분야이다.

인공지능(AI, ArtificArtificial Intelligence)이란 사고나 학습 등 인간이 가진 지적 능력을 컴퓨터를 통해 구현하는 기술이다. 인간의 인식, 판단, 추론, 문제 해결, 그 결과로써의 언어나 행동 지령, 더 나아가서는 학습 기능과 같은 인간의 두뇌 작용을 이해하는 것을 연구 대상으로 하는 학문 분야로 궁극적으로는 두뇌의 기능을 기계로 실현하는 것을 목적으로 하는 것이다.

2 가상현실(VR)

가상현실이란 인공현실(artificial reality), 사이버 공간(cyberspace), 가상세계(virtual worlds), 가상환경(virtual environment), 합성환경(synthetic environment), 인공환경(artificial environment) 등이라고도 하며, 어떤 특정한 환경이나 상황을 컴퓨터 시스템을 이용하여 실제와 똑같이 느낄 수 있도록 만드는 것을 의미한다. 이러한 AR은 여행을 할 경우 가상 현실 프로그램을 구입해 원하는 관광지를 미리 가 볼 수도 있고 도로의 굴곡과 노폭을 3차원으로 재현한 소프트웨어로 미리 가상 운전을 해보고 길을 떠날 수도 있다. 특히, 미래 핵심 플랫폼과의 융합으로 가상 현실(VR)을 활용한 요리 게임과 같이 융합형 AR의 개발이 가속화되고 있다.

현재 사람들이 일상적으로 경험하기 힘든 환경이나 과정을 직접적으로 체험하고 경험하도록 하는 환경을 직접 경험하고 조작하도록 해주는 다양한 환경들이 개발되어 관심의 대상이 되고 있다. 구체적으로 국방관련 무기의 운영 및 조작접 훈련, 할공관련 훈련, 인테리어 디자인, 의료 실습, 게임, 교육 등 매우 다양한 분야에서 융합되고 있다. 가상현실에서는 인간 참여자와 실제·가상 작업공간이 하드웨어로 상호 소통하고 여기에 보조적으로 청각·촉각 등을 사용하여 인간의 경험에 실제성을 극대화해주고 있다. 이러한 가상현실의 경험은 영유아기의 미래교육적 측면에서 다양한 컴퓨터 놀이교육과 연계되어 진행되는 것이 필요하다.

3 증강현실(AR)

증강 현실(Augmented Reality)이란 가상현실(VR)의 한 분야로 실제로 존재하는 환경에 가상의 사물이나 정보를 합성하여 마치 원래의 환경에 존재하는 사물처럼 보이도록 하는 것이다. 4차 산업혁명 시대가 가속화 되면서 증강 현실을 이용한 다양한 일상의 경험과 게임 등이 활용되고 있다. 특히, 스마트앱을 활용한 다양한 AR 게임등이 확장되어 있어 영유아기의 AR에 대한 기초적 지식과 경험 확대를 위한 기본적인 교육들이 중요하다.

11 CHAPTER 사물인터넷과 자율주행을 통한 미래 유아컴퓨터 놀이교육

1. 사물인터넷　　2. 자율주행

1 사물인터넷

사물인터넷(IoT : Internet of Things)이란 우리 주변의 모든 인간, 사물, 공간, 환경, 데이터 등의 모든 자료들이 센서와 통신 기능을 탑재하여 인터넷을 통하여 서로 연결되어 우리가 요구하는 새로운 정보가 생성, 수집, 공유, 활용되는 초연결 인터넷을 의미한다. 인터넷으로 연결된 사물들이 의미있는 데이터를 서로 주고받으며 정보를 스스로 분석하고 학습한 정보를 사용자에게 제공하거나 사용자가 이를 원격으로 제어할 수 있도록 하는 것입니다.

4차 산업사회로의 발달이 고도화되면서 우리 주변의 산업과 일상들은 서로 융합되며 이러한 사물인터넷이라는 개념과도 융합되고 있다. 특히, COVID-19 시대에서의 이동의 제한, 그룹의 제한 시대에서의 사물인터넷은 플랫폼과 연결되어 우리 주변의 일상들과 매우 밀접하게 개발되고 있다.

영유아기 시대에서 이러한 사물인터넷을 통한 일상을 경험하는 것은 미래사회를 이해하는데 매우 유용한 기술이 될 것이다.

2 자율주행

자율주행이란 스스로 판단해 이동하고 장애물을 피하는 것이다. 이동수단에 달려있는 센서를 통해 자율적으로 현재의 위치와 이동 상황에서의 다양한 정보를 인식하여 분석하여 이동간 장애물을 피하며 주변 사물의 장애를 피하며 이동하는 것이다. 이러한 자율주행은 이동 수단 내에 운행하는 사람 없이 외부에서 무선서버를 통해 이동과정에서 정보를 교환하며 명령에 따라 주행하는 무인운전 방식과, 이동수단 내부에 설치된 인공지능 컴퓨터가 자율적으로 이동간 환경을 판단하여 주행하는 방식으로 구분된다

4차 산업혁명 시대가 가속화 되면서 우리 주변의 이동수단은 더 이상 운전자의 개념을 기존 개념으로 포함하는 것이 아니라, 운전자가 꼭 운전을 해야 된다는 개념이 아닐 수도 있다. 따라서 영유아기에서도 이동수단에서 꼭 필요했던 이러한 운전자의 개념을 새롭게 정립하면서 자율주행에 대한 다양한 경험이 필요하다. 현재, 고속도로와 같이 다소 일정한 정보의 분석으로 주행이 가능한 분야에서는 벌써 현실로 진행되고 있으며, 전시용, 산업용에서는 자율주행은 벌써 현실화되고 있다.

12 CHAPTER

대면 및 비대면 유아컴퓨터 놀이교육

1 대면 및 비대면

COVID-19 시대에서의 우리의 일상은 만남이 아니라 거리두기이다. 이러한 개념은 교육현장에서도 대면 및 비대면이라는 개념으로 확산되고 있다. 기존 교육에서는 서로 같은 공간과 시간을 인식하였으나, COVID-19 시대에서는 이러한 기존의 교육방식이 급속하게 변화되었다. 특히, 무선 인터넷과 공유방식의 다양화, 개인 인터넷 도구의 확산으로 특별한 사람들의 제한된 사용이 아니라 누구나, 반드시 사용가능해야만 하는 방법이 되고 있다.

예를 들면 올해 우리나라 모든 교육기관에서는 **ZOOM**이라는 프로그램 환경 안에서 같은 공간, 같은 시간으로 교육의 환경을 구성하여 진행하였다. 교육뿐만 아니라 산업, 공공, 예술, 일상 모든 모임으로 확대되었다. 이외에도 모바일 기기를 통한 다양한 원격회의와 교육방식이 변화되고 있다.

외부 활동과 이동, 모임이 제한되고, 같은 공간 안에서도 대면과 비대면으로 구분되는 상황에서 교육과 놀이의 개념도 새롭게 정립되어야 할 것이다. 특히 영유아들의 놀이를 대면 및 비대면의 상황에서 어떻게 진행되어야 할 것인지를 정립하는 노력이 필요하며, 영유아들의 컴퓨터 놀이교육 또한 대면 및 비대면으로 어떻게 진행할 것인지 새롭게 정립하여 현장에 적용하는 것이 필요하다.

참고문헌

강보람, 이강이(2018). 미디어사용시간과 부모의 미디어중재가 유아의 공감 능력에 미치는 영향. 인간발달연구, 25(1), 1-29.

김경민, 박현숙(2019). 스마트교육 기반 자유선택활동 운영시스템 설계 및 구현. 컴퓨터교육학회 논문지, 22(3), 123-133.

김경민, 김정민, 박현숙(2018). 유치원 스마트교육 환경 구축을 위한 자유선택활동 운영시스템 설계에 관한 연구. 학술발표대회논문집, 23(1), 111-114.

김승옥, 장수진, 김화영, 권정아, 임은령(2011). 유아교사를 위한 컴퓨터활용교육. 경기: 양서원.

교육부(2018). 유아교육발전기본계획. 교육부.

교육부(2019). 개정누리과정 해설서. 교육부.

서현정, 조부경, 김경철, 최현주, 최연철(2018). 지속가능발전지향 유아 창의인성 교육 프로그램 개발. 유아교육연구, 38(2), 173-203.

유구종(2013). 유아컴퓨터 ICT 스마트 교육. 서울: 창지사.

이수련, 성영화, 최효정(2014). 교사 정보화를 통한 유아컴퓨터 교육. 경기: 양서원.

이충호, 김준규, 양의식, 김종판(2012). 유아컴퓨터교육의 활용. 서울: 동문사.

이현순(2011). 유아교사를 위한 컴퓨터 활용의 실제. 경기: 양서원.

전선혜, 어성애(2017). 부모의 게임 중독이 유아의 신체활동에 미치는 영향. 한국컴퓨터게임학회 논문지, 30(2), 9-18.

정은이(2015). 유아컴퓨터교육. 경기: 공동체.

정재관, 이재은(2018). 5세 누리과정 교사용 지도서에 나타난 미디어 관련 내용 분석. 학습자중심교과교육연구, 18(17), 631-652.

주영주, 곽은순(2007). 유치원 활동과 컴퓨터. 경기: 양서원.

지옥정, 서희전, 계보경, 고영미, 권이정, 김미애, 김혜정, 임수진(2018). 유아교육과 미디어 활용. 서울: 창지사.

한지원, 최연철(2019). 프로그래밍 언어를 활용한 유아 소프트웨어 교육 실행과정에서 겪은 유아의 경험. 학습자중심교과교육연구, 19(10), 713-734.

홍수현(2016). 유아교사를 위한 멀티미디어 활용의 실제. 경기: 정민사.

황성신, 최연철(2019). 프로그래밍 언어를 활용한 소프트웨어 교육 활동 과정에서 유아교사가 경험한 고민과 반성. 어린이미디어연구, 18(3), 109-133.

Schwab, K.(2015), “The Fourth Industrial Revolution: What It Means and How to Respond”, Foreign Affairs 2015.12.12.

https://www.foreignaffairs.com/articles/2015-12-12/fourth-industrial-revolution.

저자 소개

정 한 철

경북대학교 아동가족학과 유아교육전공 이학박사

현재) 대구과학대학교 유아교육과 조교수

윤 미 승

경북대학교 아동가족학과 유아교육전공 이학박사

현재) 경성대학교 유아교육과 조교수

유아컴퓨터 놀이교육

초판 1쇄 인쇄 / 2021년 1월 25일
초판 1쇄 발행 / 2021년 1월 31일

•

공저자 / 정한철 · 윤미승
발행인 / 이 중 수
발행처 / **동 문 사**

•

서울특별시 서대문구 홍제원 1길 12
(홍제동 137-8)
Tel: 02)736-3718(대), 736-3710, 3720
Fax: 02)736-3719
등록번호: 1974.04.27. 제9-17호
가격: 20,000원

•

ISBN: 979-11-6328-280-8(93370)
E-mail: dong736@naver.com
www.dongmunsa.com